KB006818

S급 트레이너의 아주 특별한 고객 관리 비법

고객은 트레이너의 진정성에 끌린다

손지혜 지음

대경북스

고객은 트레이너의 진정성에 끌린다

1판 1쇄 인쇄 2024년 4월 1일
1판 1쇄 발행 2024년 4월 3일

지은이 손지혜

발행인 김영대
펴낸 곳 대경북스
등록번호 제 1-1003호
주소 서울시 강동구 천중로42길 45(길동 379-15) 2F
전화 (02) 485-1988, 485-2586~87
팩스 (02) 485-1488
홈페이지 http://www.dkbooks.co.kr
e-mail dkbooks@chol.com

ISBN 979-11-7168-037-5 03320

※ 이 책은 저작권법에 따라 보호받는 저작물이므로 무단전재와 무단복제를
   금지하며, 이 책 내용의 전부 또는 일부를 이용하려면 반드시 저작권자와
   대경북스의 서면 동의를 받아야 합니다.

※ 잘못된 책은 구입하신 서점에서 바꾸어 드립니다.

※ 책값은 뒤표지에 있습니다.

프롤로그

나는 서울시에서 유일하게 피트니스 분야 우수 기업으로 선정된 바디컨설팅에 2022년에 입사했다. 피트니스 업계의 평균 근속연수가 1년이 채 안 되는데도 불구하고 이 회사에서는 가장 오래 일한 사람이 10년이며, 대부분의 직원이 수년 동안 근무하고 있었다. 이런 상황에서도 나는 1년 반 만에 회사의 10년 역사 중 최고의 고객 만족도와 월 매출을 기록하는 등 정성적이고 정량적인 평가에서 모두 우수한 성적을 거뒀다. 이 상황에 동료들이 궁금증을 느끼기 시작했고, 그들의 호기심이 점점 더 커졌다.

"어떻게 고객들이 오래 다닐 수 있을까요?"

고객을 잘 끌어나갈 수 있었던 가장 큰 이유는 바로 한 가지에 초점을 맞추었기 때문이다. 그리고 그 한 가지는 '고객 만족'이다. 고객의 만족은 모든 것을 결정하는 요소라고 생각했다. 고객이 나의 수업에 만족한다면 그들은 우리 서비스를 계속 이용하게 될 것이고, 결국 충성 고객이 됨을 의미한다. 그래서 모든 결정과 행동에 앞서 항상 '이것이 고객의 만족을 높일 것인가?'라는 질문을 마음속에 떠올렸다.

내가 피트니스 업계에서 몇 년 동안 일했다고 생각하는 동료들도 있지만, 사실은 매일 군복을 입고 군화를 신던 장교였다. 2016년 소위로 임관한 이후 4년 6개월 동안 북한군의 전술과 무기를 공부하면서, 높은 계급에 오르는 것이 꿈이었던 직업군인이었다. 그 시절에는 트레이너가 될 생각은 하지 못했다. 하지만, 처음 꿈꾼 것과는 달리 현실에 안주하며 불평불만을 반복하는 스스로가 마음에 들지 않았다. 결국 전역 후 고향에서 물리치료사를 준비하다가 예상치 못한 기회를 얻어 바디컨설팅에 입사하게 되었다.

바디컨설팅은 고객을 가족과 친구처럼 소중한 사람이라고 여기는 회사다. 이처럼 고객에게 더 큰 가치를 제공하고자, 나도 바디컨설팅의 철학과 행정 교육, 고객 서비스 교육을 받았다. 이 교육을 통해 고객의 시각을 이해하게 되었고, 고객이 원하는 것은 무엇인지, 고객을 만나기 전에 어떤 자세를 가져야 하는지, 어떻게 진심을 담아서 대해야 하는지를 배울 수 있었다.

우리는 금전적 이익과는 별개로 고객에게 책임을 다하겠다는 마음을 가지고 실천했다. 수업이 종료된 고객의 운동 목적과 불편해 했던 부위를 기억하였다가 맞춤형 스트레칭과 운동법을 제공하였다. 또한 요요 방지를 위해 정기적으로 인바디 측정을 실시하고, 무료 수업도 진행했다. 이는 스스로 관리하기 어려운 고객을 위한 배려와 책임감때문이었다. 더 나아가, 심리학 공부를 하면서 고객과 지속해서 소통하고 리드하는 방법을 배우고 있다.

물론, 내게도 힘든 시기가 있었다. 한 번은 컨디션 관리를 잘못하여 목소리가 나오지 않아, 몸짓과 손짓만으로 수업을 진행했던 적이 있다. 또 발목을 다치고 깁스하면서도 간이 의자에 앉아 수업을 진행한 적도 있었다. 그러나 나를 찾아오는 고객들에게 힘든 모습을 보여줄 수 없어서, 오히려 더 활발하게 웃으며 수업에 임했다. 이런 노력과 열정에 감동한 고객들은 선물과 메시지로 응원을 보내주었고, 그들의 관심은 나에게 더 열심히 일하게 하는 동기가 되었다.

이 책은 트레이너를 목표로 하는 학생, 현장에서 고객 관리를 하며 서비스직에서 종사하는 현직 트레이너, 그리고 접객을 주로 하는 영업장의 사장님들을 위한 교과서라고 할 수 있다. 이는 절대 기술을 전달하는 것이 아닌, '진정성'이라는 핵심 가치를 전달하기 때문이다. 여기서 진정성은 돈과 상관없이 언제든, 어디서든, 누구라도 건강하게 만들고 싶은 마음을 말한다. 핵심 가치를 이해하도록 도와주기 위해 나와 동료, 여러 고객 사이에 일어났던 실제 사례를 다채롭게 담아 재미있게 읽을 수 있도록 하였다. 다양한 사례는 독자들이 기존 고객들을 돌아보며 고민을 극복하는 좋은 기회가 될 것이다.

이 책을 읽으면서, 제시된 사례들을 현재 고객에게 어떻게 적용할지를 고민해 보면 좋겠다. 사람마다 성격, 말투, 분위기가 다르기 때문에 반드시 자신만의 방식으로 변형해서 접근하는 것이 좋다. 물론 '민망하고 어색해서 못 하겠어'라는 생각이 들 수도 있다. 이는 연인이나 가족에게도 하지 않는 것들을 남에게 해야 하기 때문이다.

그러나 나는 고객 만족이 성공의 빠른 길임을 이해하고 나서부터는 자신을 내려놓고 시작했다. 처음에는 어려웠지만 고객이 행복해하는 모습을 보면서, 단순히 금전적인 이익을 넘어서 하루하루가 더욱 가치 있게 느껴졌고, 내가 가치 있는 사람임을 깨달았다. 독자분들도 용기를 내서 하나씩 실천하면 반드시 더 나은 삶을 이루고 원하는 것을 꼭 얻을 수 있을 것이다.

　어디서부터 작성해야 할지 막막할 때 길잡이를 해주신 대표님과 이사님, 그리고 책을 끝까지 집필할 수 있도록 응원해 준 동료들에게 감사함을 전하고 싶다. 우리의 사례가 많은 사람에게 조금이나마 도움이 되길 바란다.

2024년 봄

손지혜

차 례

차 례

차 례

STEP.01

미소와 인사의 중요성

일 반적으로 사람들은 우수한 서비스를 받는 것을 선호하며, 이는 고객의 기본적인 기대 사항이다. 그런데도 직접적인 대면 서비스 분야에서는 특히 사장과 직원들이 때때로 고객의 기대치를 충족시키지 못하는 경우가 있다.

예를 들어, 호텔 직원과 시장의 가게 주인을 비교해 보면 이러한 차이를 더 잘 이해할 수 있다. 두 그룹 모두 고객과 직접으로 소통하면서 서비스를 제공하지만, 그들의 표정, 말투, 행동 등에서 많은 차이를 보인다. 호텔 직원은 일반적으로 고객이 편안하게 느낄 수 있도록 예의를 갖춰 행동하며 고객에게 미소를 짓고 인사를 한다. 반면에, 시장 가게 주인은 상황이 전혀 다르다. 그들의 서비스는 각자의 개성과 성격이 반영되는 경우가 많다. 하지만 고객은 어떤 상황에서도 우수한 서비스를 기대하기 때문에 고객의 요구 사항을 파악하고 충족시켜야 한다.

　입사 초기, 동료들의 상담을 참관하면서 두 트레이너의 스타일에 따라 고객의 반응이 얼마나 크게 달라지는지를 경험했다. 평소 표정이 없고 무뚝뚝한 성격을 가진 여성 트레이너와 잘 웃고 유쾌한 남성 트레이너가 있었다. 그들의 상담을 참관하면서 미소와 인사가 얼마나 중요한지 깨달았다. 그녀는 상담하는 내내 고객과 눈을 마주치지 않고 미소도 거의 보여주지 않았다. 상담을 처음부터 끝까지 무뚝뚝하게 진행했다. 반면에 그는 고객이 문을 열고 들어오자마자 밝은 미소로 인사했고, 마치 오래전부터 알던 사람인 것처럼 자연스럽게 대화를 이어 나갔다. 그 결과 고객의 반응이 눈에 띄게 달랐다. 전자의 경우, 고객이 거의 말하지 않았고 표정도

어두워 보였다. 하지만 후자의 경우, 고객이 수다쟁이가 되어서 왜 몸이 안 좋아졌는지, 어디가 불편한지 자세하게 말했다.

다른 서비스 분야에서도 비슷한 교훈을 얻은 적이 있다. 4년 전, 볼일이 있어 의정부에 들렀다가 작은 미용실에 커트하러 갔다. 방문한 시각이 오후 7시가 넘어 마감하기 바로 직전이었다. 미용실이 보통 오후 8시에 마감하기 때문에 거절당할 것을 예상 했는데, 20대 후반으로 보이는 여성 디자이너는 친절하게 인사하고 자리로 안내해 줬다. 심지어 머리를 자르는 내내 웃으면서 말을 걸어주었고 마치 돈을 벌기 위해 일하는 사람이 아니라 자신이 좋아하는 놀이를 하는 느낌을 받았다. 계산하고 나갈 때도 자신의 명함을 주며 문밖까지 나와 웃으며 배웅해줬다.

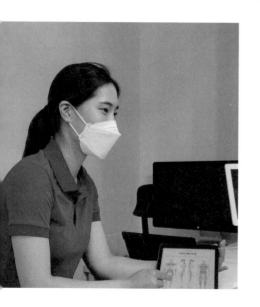

그날 단순히 커트만 했지만 했던 머리 스타일 중에서 가장 마음에 들었다. 솔직히 말하면 머리가 마음에 들었던 게 아니라 기분이 좋아서 거울을 볼 때마다 내 모습

이 예뻐 보인 것이었다. 마치 유명한 미용실도 아닌 곳에서 이런 서비스를 받았다는 게 놀라울 정도였다. 그녀의 친절한 태도와 웃음은 4년이 지난 지금까지도 잊을 수 없는 기억으로 남아있다.

패션 브랜드인 〈파타고니아〉의 창업자인 이본 취나드는 이런 말을 했다. "삶의 기술에 통달한 사람은 일과 놀이, 노동과 휴식, 몸과 마음, 훈련과 오락을 뚜렷이 구분하지 않는다. 항상 양쪽을 같이 하는 사람이다." 이는 피트니스 분야에도 마찬가지로 적용된다. 트레이너를 시작하기 위해서 운동 실력과 수업 능력은 기본 조건이지만, 장기적으로 일을 잘하기 위해서는 이 일을 즐겨야 하고 고객 만족을 나의 자아실현을 위한 동기라고 느껴야 한다. 머리만 자르는 디자이너와 머리를 자르면서 고객에게 배려받는 느낌과 긍정적인 에너지까지 주는 디자이너가 다르듯이 여러분도 모두 일과 놀이를 함께 가져갔으면 좋겠다.

(친구)

손지혜 선생님과 운동할때 좋은 점은

1번. 매번 수업에서 회원의
운동하고자하는 의욕에 좋은 영향을
미치도록 선생님의 컨디션이 굴곡없이
항상 좋은 상태로 유지되는 것이
좋습니다. (항상 밝은 모습이 운동할때
매우 도움이 됨을 느낍니다)
2번. 수업중 통증이 오거나 불편함이
생길때 그에 즉각적으로 대처하는
방법이 매우 전문적이라는 것을 느낄 수
있습니다. 사례를 여러차례 겪었거나
연구를 많이 하고 있다는 느낌으로 신뢰가
갑니다.
3번. 채널을 통해서 궁금한 것을 물을때
답변을 빠른 시간내에 해주는 것이
좋습니다.
4번. 같은 부위의 운동이라도 여러
방법을 다양하게 하면서 지루함을 덜
수 있게 합니다. 운동 구성을 미리 잘
준비해주셨다는 느낌을 갖게 합니다.
수업시간 내에 시간 낭비가 없다는 생각도
갖게 합니다.
5번. (사적인 이야기일 수 있지만)
개인적으로 타인이 신체 접촉하는걸
좋아하지않는편인데 피티 받는 내내
조심스럽게 해주거나 미리 허락을 받는
방식으로 해주셔서 마음을 ...

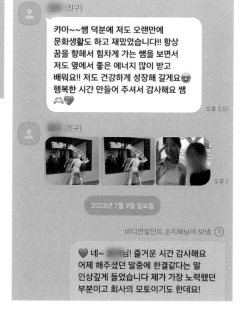

(친구)

카아~~쌤 덕분에 저도 오랜만에
문화생활도 하고 재밌었습니다!! 항상
꿈을 향해서 힘차게 가는 쌤을 보면서
저도 옆에서 좋은 에너지 많이 받고
배워요!! 저도 건강하게 성장해 갈게요 😎
행복한 시간 만들어 주셔서 감사해요 쌤
🫶🖤

오후 5:51

(친구)

오후 5

2023년 7월 9일 일요일

바디컨설턴트 손지혜님이 보냄 ⑦

🖤 네~ OO님! 즐거운 시간 감사해요
어제 해주셨던 말중에 한결같다는 말
인상깊게 들었습니다 제가 가장 노력했던
부분이고 회사의 모토이기도 한데요!

STEP.02

웹툰을 통해
고객의 입장을 배운다

일을 시작한 지 얼마 안 되었을 때 일이다. 다이어트가 목적인 20대 중반 취업 준비생 고객을 맞았다. 그녀의 체중은 100kg 정도에 육박했고 운동을 해본 적이 없어서 근력이 매우 부족한 상태였다. 가볍게 체조를 한다거나 누워서 다리를 들어올리기만 했는데도 속이 울렁거리거나 몸이 부들부들 떨렸다.

그러던 어느 날 고객과 멀어지는 일이 생겼다. 스텝박스에 앉았다가 일어나는 동작을 하는데, 내 마음처럼 자세가 잘 나오지 않자 "그렇게 하면 다친다고요! 제가 하는 동작을 잘 봐주세요."라고 말하며 목소리를 높였다. 순간 아차 싶었으나, 이미 고객의 표정은 어두워졌다. 이 일에 대해 어떻게 접근하고 사과드려야 할지 몰라서 고민하다가 1주일의 시간이 흘렀다.

'설마 상처받지는 않았을까?' 하는 우려는 현실이 되었다. 그 일이 있고 난 뒤 수업 횟수는 주 2회에서 2주에 1회로 줄었고, 식사 습관도 예전으로 되돌아갔다. 결국 그동안 너무 힘들었다는 말을 남기고 수업을 그만두었다. 그 이야기를 듣는 순간 한 대 맞은 것 같이 충격을 받았다. 고객에게 너무 죄송했고 스스로 화가 났다. 과거처럼 남 탓을 하기보다 여기서 배운 철학대로 '고객의 돈을 받고 다이어트도 못 시켜드릴지언정 트레이너에게 혼난 기억만 남겨 드리다니. 인성이 이 정도밖에 안 되는 사람인가?'라고 자책했다. 이후로는 고객의 심정을 이해하기 위해 노력했다.

'내가 잘 못하는 분야를 시작할 때 느끼는 감정과 고객이 운동을 처음 배울 때 감정이 비슷하겠지'라고 생각하면서 비슷한 경험을 천천히 되짚어보았다. 어렸을 때부터 가장 어렵고 두려운 분야는 영어였다. 대학생 시절 영어 회화를 잘하고 싶어서 원어민 강의를 2~3개 들었는데, 그때 미국인 교수님은 수업 시간에 왜 대답을 못하냐며 다른 학생들 앞에서 여러 차례 혼을 냈다. 어느 순간 '못하니까 배우러 온 건데 왜 혼나야 하지?'하는 의문에 수업이 점점 불편해졌던 기억이 떠올랐다.

비슷한 경험을 떠올려 보니 고객의 감정이 이해되었고, 먼저 다가가서 손 내밀지 않은 나 자신이 부끄러웠다. 또 수업을 진행하는 동안 불편한 감정을 나타내는 비언어적인 표현들이 있었을 텐데 그걸 알아채지 못해서 죄송했다. 이번 사건으로 나의 인성과 고객에 대한 공감 능력이 매우 부족하다는 것을 알게 되었다.

마침 회사에서 2011년에 연재된 다이어터라는 웹툰을 소개해주었다. 이거다 싶어서 주말에 천천히 정독하기 시작했다. 초고도비만인 여자 주인공 신수지가 트레이너 서찬희를 만나서 다이어트하는 과정이 재미있게 그려져 있었다. 몇몇 장면은 마치 나에게 이야기하는 것 같아 양심에 찔리기도 했다.

"지금 하는 운동이 어디에 좋은지 일일이 설명해 봤자 회원분들은 좋아하지 않아요. 그보다 중요한 건 '함께 하는 분위기'입니다. 일단 몸을 움직이게 만드는 게 중요합니다. 정확한 정보는 오히려 운동 초보자를 혼란스럽게 할 뿐이에요. 운동에 관심 없던 고객이 운동을 시작할 수 있게 된다면 그걸로 충분합니다. 동기부여가 제일 중요합니다."

동작에 집착한 나머지 너무 많은 정보를 가르치려고만 했다. 100점짜리 동작이 나오지 않아도, 안전하게 80점짜리 동작만으로도 충분히 운동이 되는데 말이다. 그리고 몸을 이리저리 움직이는 것만으로도 운동이 될 수 있다는 것을 생각하지 못했다. 그 일 이후부터는 어떻게 하면 고객이 운동을 재밌게 할 수 있을지 연구하고 나만의 방법을 찾기 위해 노력하게 되었다.

출처 : 카카오웹툰 〈다이어터〉, 네온비×캐러멜

※〈다이어터〉 작가님의 허락을 받아 게재하였습니다.

출처 : 카카오웹툰 〈다이어터〉, 네온비×캐러멜

출처 : 카카오웹툰 〈다이어터〉, 네온비×캐러멜

STEP.03

귀여운 인형을 활용한
분위기 전환

초 보자가 헬스장에 가지 않는 이유는 여러 가지가 있겠지만, 대체로 분위기가 친근하지 않고 기구 사용이 어렵기 때문이다. 우리는 이러한 불편한 심리를 다양한 방법으로 해결하고자 노력했다.

케이블로 줄다리기를 한다거나 보수 볼로 스키 타기 같이 친숙한 운동방식을 도입하기도 하고, 인형을 활용해서 다양한 운동도 진행했다. 처음에는 헬스장에서 인형으로 운동하는 게 상상이 가지 않았다. 무게가 1kg도 되지 않는 인형을 들고 운동을 시키자니 일단 고객들의 관심은 끌 수 있겠지만 정말 운동이 될지는 의문이었다. 일단 귀여운 악어와 사자, 상어, 판다 등 여러 모양의 인형을 준비하고 숄더 프레스나 프런트 레이즈 같이 덤벨을 드는 동작 위주로 연습했다. 처음에는 자극이 거의 없었지만 고반복할수록 힘이 들었고, 근력이 없는 초보자에게는 충분한 자극이 됐다. 고객에게 인형을 가지고 운동하는 이유를 납득시키기 위해 선생님들과 머리를 맞대고 고민하기도 했다. 인형으로 자연스럽게 운동을 이끌지 못하면 분위기를 어색하게 만들 수 있기 때문에 고객들과 친분이 많이 있거나 티칭 경력이 있어서 상황 대처를 잘하는 트레이너만 시도했다.

"오늘은 고객님을 위해 특별한 운동을 준비했어요! 무거운 무게를 바로 들면 너무 무겁잖아요. 그래서 귀여운 사자를 들고 저중량 고반복으로 해볼게요! 영화 라이온킹에서 원숭이가 심바를 들고 있는 자세를 따라 해 볼 거예요. 그러면 하체 근력과 코어, 팔 운동까지 모두 동시에 할 수 있습니다."

"오늘은 보수 볼 위에 올라가서 무서운 상어 인형으로 코어 운동을 할 건데요. 균형을 잡으면서 상어를 들고 좌우로 천천히 움직여 주세요. 그러면 복부가 좌우로 늘어나면서 복부 근육을 강화하는 데 도움이 될

겁니다. 운동이 끝나면 우리 운동을 도와준 상어한테 고생했다고
한 번 쓰다듬어 주세요."

　이런 재밌는 멘트를 활용하여 운동을 진행했고, 운동을 지루해
하던 고객들도 웃으면서 수업에 참여했다. 이 모습을 보고 다른 바
디컨설턴트도 자신감을 가지고 도전하기 시작해 수업 때 깔깔거
리는 소리가 더 많이 들리기 시작했다. 인형 없이도 운동으로 고객
의 만족도를 높이고 가치를 줄 수 있지만, 운동으로만 동기를 부여
하는 것은 쉽지 않다는 것을 너무나 잘 알고 있다. 그래서 다양한
방법을 통해 고객에게 동기를 부여하기 위해 노력해야 한다.

인형을 활용한 코어 운동 💪

최대한 복부 힘으로만
인형을 잡고 윗몸 일으키기!

허리 통증 감소에
효과 좋은 코어 운동🔥

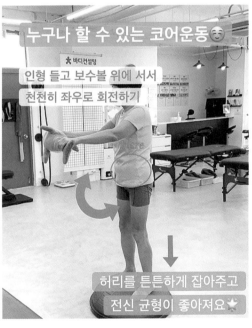

누구나 할 수 있는 코어운동😊

인형 들고 보수볼 위에 서서
천천히 좌우로 회전하기

허리를 튼튼하게 잡아주고
전신 균형이 좋아져요🌟

STEP.04

고객을 위한
진심 어린 식단 조언

입사 초반, 회사에서 준비한 식사 자리에 간 적이 있다. 식사 자리의 목적은 고객들이 건강하면서 맛있게 먹을 수 있는 음식을 직접 먹어보고 평가하기 위해서였다. 메뉴는 돼지고기 뒷다릿살 쌈, 두부와 김치, 계란과 절인 양파의 조합이었다. 처음에는 고기 외엔 나서서 먹고 싶지 않았다. 그러다 하나씩 먹어보면서 맛을 음미해 보니 꽤 맛있었고 포만감도 좋았다. 돼지고기 뒷다릿살을 야채와 함께 쌈으로 먹으니 삼겹살을 먹는 기분이 들었고 계란과 양파 절임은 짭짤해서 밋밋한 계란이 맛있게 느껴졌다. 이렇게 먹지 않았더라면 고객들에게 흔한 닭가슴살이나 샐러드만 추천했을 텐데, 회사에서 이런 기회를 만들어준 것에 감사했다.

이 경험 덕분에 맛있게 먹으면서 다이어트할 수 있는 식단을 끊임없이 찾아보게 되었다. 그리고 먹어보는 경험이 중요하다는 걸 알게 되고 고객의 식사를 직접 챙겨주게 되었다. 처음에는 간단하게 바나나, 계란, 두유 이 세 가지를 준비하여 수업하는 모든 분에게 드렸지만, 다이어트를 하지 않는 고객은 그렇게 달갑지 않아 하셨다. 운동 목적이 다른 고객에게는 음식물 쓰레기가 될 수 있다는 것을 알게 된 뒤로 필요한 분들에게만 드렸다. 또한 사전에 계란을 싫어하거나 우유 알레르기가 있는지 정도는 체크했다.

드리기 전에 멘트도 고민했다. "이렇게 챙겨서 드시면 건강해지실 거예요." 혹은 "아침에 이렇게만 먹어도 살이 잘 빠지실 거예요." "근육을 만드는 데 매우 균형 있는 식사입니다."는 70점짜리 멘트다. 70점짜리 멘트는 70점의 감동만을 전달한다. 왜냐하면 고객을 얼마나 진심으로 생각하는지를 표현하는 말이 빠

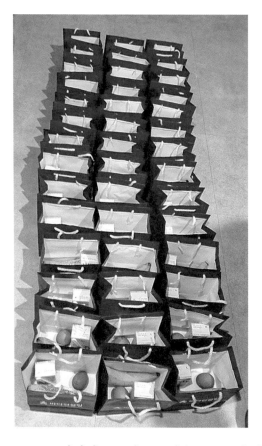

져 있기 때문이다. 그런데 100점짜리 멘트로 말하자 100점의 감동과 반응이 나왔다. 고객에게 베풀지 않았더라면 절대 몰랐을 세세한 부분을 알게 된 것이다. 아무리 진정성 있게 준비했어도 표현할 줄 모르면 고객도 내 마음을 모른다는 것을 배웠다.

표현하기가 민망하고 부끄러워서 "회사에서 준비한 이벤트입니다. 맛있게 드세요."라고 말하던 바디 컨설턴트도 서로 노하우를 공유하며 바뀌기 시작했다. "아침에 어떤 음식을 먹어야 할지 고민하셨잖아요. 그래서 제가 다이어트 빵, 다이어트 간식, 다이어트 도시락 등 다양하게 먹어보았는데요. 자취하시니까 많이 사서 상할 필요도 없고 편하게 가지고 다닐 수 있는 음식이 가장 잘 맞으실 것 같더라고요. 편의점에 반값 바나나가

편의점에서 파는 반값 바나나는 맛있고 저렴해요. 계란도 한판 구매하면 만 오천원하니까 하루에 2개씩만 드시면 오래 드실거예요.

있는데 엄청나게 싸고 맛있어요. 설탕이 적게 들어간 두유도 있고 짭짤한 반숙란도 있는데 엄청 맛있어요. 이 세 가지 조합을 직접 먹어보고 괜찮아서 고객님을 드리기 위해 샀습니다. 드셔보시고 괜찮으면 이 조합으로 아침을 먹어보시죠!" 라고 말했다.

식단을 하기 어려운 상황을 이해하고 맞춤형으로 도와드리려는 노력과 진심 어린 말과 빛을 발했다. 점점 고객들이 트레이너의 진심을 알아주기 시작했고, 수업 횟수도 점점 늘어나기 시작했다. 나아가 입사 초반 경험을 바탕으로 계란과 절인 양파, 두부와 김치도 드렸는데 고객의 반응도 좋았다.

이제는 끼니때마다 내가 먹고 싶은 음식이 아니라 고객이 먹을 수 있는 식사로 직접 테스트하는 게 습관이 되었다. 편의점 음식, 배달 음식, 집에서 만든 음식 등 다양하게 먹었고 김밥이나 치킨으로 다이어트하는 방법, 저당 케첩이나 키토 고추장으로 요리해 먹는 방법을 연구하면서 경험을 쌓았다. 점점 음식을 고르는 눈이 점점 섬세해지면서 고객 개개인에게 알맞은 제품을 선택하여 제시하는 수준까지 가자 수업 만족도가 올라갔고, 운동 효과도 따라서 높아졌다.

다양한 음식을 골라 먹어보는 시도를 아직 해 보지 않았다면 건강하게 외식을 할 수 있는 곳을 직접 방문하여 느낀 점을 정리해 보고 고객들에게 추천하면 좋겠다. 왜냐하면 혼자 식사할 때는 잘 챙겨 먹지만 약속이 잡히면 바로 무너지기 때문이다. 그러고 나서 포만감을 높이는 음식을 직접 제공하며 스스로 경험해 보도록 하고 식사 패턴을 바꾸어 나가면 된다.

고객의 식단 피드백을 진행하다가 초심을 잃을 때면 계속 머릿속으로 되뇌는 문장이 있다.
'고객 스스로 자신에게 알맞은 식단을 찾는 데 들이는 시간과 노력, 그리고 비용을 소중하게 생각하는 바디컨설턴트가 되자.'

예전에 쌤이 알려주신 달걀 커팅기로 잘랐는데 예쁘게 잘 커팅됐어요:) 애호박 표고버섯은 순두부 찌개에 넣고 나서 남은걸로 데쳤는데 그것도 맛있더라구요 ㅎㅎ 순두부 찌개는 진짜 다이어트 할때 한줄기 빛같은 존재에요 ㅋㅋ

오전 11:47

Memo

STEP.05

아침 타바타의 기적 : 건강과 활기를 불어넣다

아 침 시간대 수업을 희망하시는 분은 그리 많지 않다. 그래
서 상대적으로 여유로운 시간대를 활용하여 고객들이 어
떻게 하면 활기차고 개운하게 아침을 시작할 수 있을지 고민하게
되었다. 과거에 고객들과 타바타식 그룹 운동으로 진행한 적이 있
었는데, 다이어트 효과가 매우 좋았고 고객 만족도가 높았다고 했
다. 그래서 희망하는 바디컨설턴트에 한해서 어떤 식으로 진행할
지 함께 고민해 보았다.

아침 운동으로 하루를 가볍게 시작해서 건강한 삶을 만들자는
취지로 고객들과 유대감을 형성하는 것을 목표로 삼았다. 원래 타
바타는 고강도 인터벌 운동으로 짧은 시간 안에 최대 강도로 운동
하고 휴식을 취하는 패턴이지만 아침에 일어나자마자 몸이 충분
히 풀리지 않은 상태로 타바타를 진행한다는 것은 무리가 될 것이
뻔했다. 그래서 강도를 낮춘 상태로 길게 운동하고 휴식을 취하는

방식으로 조정하였다. 다양성을 위해 맨몸운동, 밴드, 가벼운 덤벨을 활용하여 누구나 쉽게 따라 할 수 있는 동작으로 프로그램을 구성했다.

수업 일정은 바디컨설턴트의 일정이 없는 날로 주 1회씩 잡았고 수업 중인 고객, 수업이 종료된 고객, 상담만 진행했던 고객 등 꼭 수업을 받지 않았어도 나와 연결되어 있다면 모두 참여 대상으로 정했다. 타바타를 처음 시작하는 날 고객들에게 참가 여부를 물어보았고 5명의 고객이 희망했다. 운동을 시작하기 전에 폼롤러와 스트레칭으로 몸을 가볍게 풀었고 30분 동안 운동을 진행했다.

"안녕하세요! 오늘도 3회차 타바타에 오신 걸 환영합니다! 여러분은 아침에 운동하는 상위 1% 사람입니다. 열심히 운동해서 활기찬 하루를 만들어보시죠. 출발!"

처음에는 졸린 눈으로 시작했지만 운동이 끝날 쯤에는 눈이 반짝반짝 빛났다. 그리고 미리 준비한 계란, 바나나, 두유로 아침 식사를 챙겨드렸다. 이렇게 총 4개월간 11회에 걸쳐 운동을 진행했다. 수업이 종료된 고객들까지 함께 운동을 진행했고 그중에 3명이 다시 수업을 재등록하는 일이 일어났다. 재등록하게 된 이유를

이런 분들께 추천해요!

✔ 다이어트를 하고 싶지만 혼자서는 운동하기 힘든 분
✔ 운동을 습관으로 만들고 싶은 분

상세설명

모집 인원 : 4명 (소수인원만)
모집 기간 : 9/4(월) ~ 9/7(목)
활동 기간 : 9/11(월) ~ 9/29(금), 주 1회씩 총 3회
활동 내용 : 오전 7-9시 사이에 30분, 스트레칭 + 전신 운동
활동 장소 : 바디컨설팅 숙대점

물어보니 자신을 잊지 않고 연락해서 무료로 수업을 해주는 것에 감동받았다고 했다. 덧붙여 이렇게까지 해주는 헬스장이 없는데 운동하는 내내 너무 즐거웠고 고객을 진심으로 위하는 곳인 것 같다고 했다. 좋게 봐주고 수업까지 재등록하니 너무나도 감사한 마음뿐이었다. 재능 기부처럼 시작했는데 아침마다 고객들을 만나서 기뻤고 긍정적인 에너지를 전할 수 있어서 뿌듯했다.

타바타를 진행하는 동안 일에 대한 보람을 느끼게 해준 고객이 있었다. 미술을 전공하는 대학원생으로 피티를 더 받고 싶었지만 금전적으로 어려워서 중단하였다. 그런데 타바타 이벤트를 진행하면서 운동을 꾸준히 할 수 있었고, 그 결과 졸업을 위한 미술 전

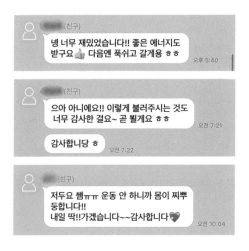

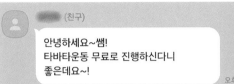

안녕하세요~쌤!
타바타운동 무료로 진행하신다니
좋은데요~!

오후 6:5(

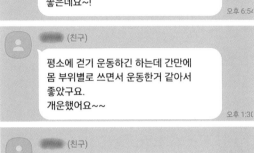

평소에 걷기 운동하긴 하는데 간만에
몸 부위별로 쓰면서 운동한거 같아서
좋았구요.
개운했어요~~

오후 1:3(

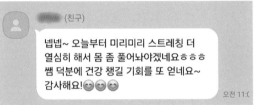

넵넵~ 오늘부터 미리미리 스트레칭 더
열심히 해서 몸 좀 풀어놔야겠네요ㅎㅎㅎ
쌤 덕분에 건강 챙길 기회를 또 얻네요~
감사해요!😊😊😊

오전 11:(

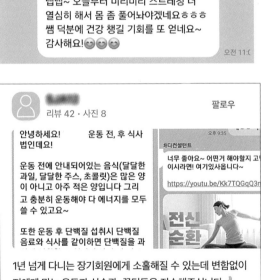

안녕하세요!   운동 전, 후 식사
법인데요!

운동 전에 안내되어있는 음식(달달한
과일, 달달한 주스, 초콜릿)은 많은 양
이 아니고 아주 적은 양입니다 그리
고 충분히 운동해야 다 에너지를 모두
쓸 수 있고요~

또한 운동 후 단백질 섭취시 단백질
음료나 식사를 같이하면 단백질을 과

1년 넘게 다니는 장기회원에게 소홀해질 수 있는데 변함없이
저에게 맞는 운동과 식습관, 꿀팁들을 전수해주십니다 👍
다른 트레이너님들도 항상 파이팅이 넘치셔서 옆에서 운동할
때 좋은 기운을 많이 얻어가요ㅎㅎ

시회를 준비하는 데 큰 도움이 되었다고 말했다.

그 고객의 전시회에 초대받아서 방문하여 작품들을 감상하는 데 그림에서 그녀의 노력과 열정이 느껴졌다. 키보다 두 배나 큰 그림부터 섬세한 작업이 필요한 그림까지 작업하기 힘들어 보이는 작품들이 많았다. 매일 아침 열심히 운동한 이유에 대해 알게 되자 감동이 밀려왔고 그녀의 일을 잘할 수 있도록 지원했다는 자부심을 느껴졌다. 또한 내가 제공하는 서비스에 대한 인식이 바뀌었고 고객들의 건강한 라이프를 위해서 더 열심히 연구하고 수업해야겠다고 다짐하게 되었다.

고객의 마음을 움직이는
마사지볼

현대 생활에서 컴퓨터와 스마트폰을 빼놓을 수 없다 보니 그에 따라 사람들의 체형이 매우 나빠지고 있다. 출근하는 지하철이나 버스에서 휴대폰을 보고, 회사에서는 모니터를 보며 업무를 하다가 집에 와서 다시 휴대폰을 보며 잠이 든다. 그래서 허리나 목을 너무 많이 숙여서 목과 어깨 근육이 뭉치거나 목디스크 또는 어깨 비대칭 현상도 나타난다. 사람들은 이러한 문제를 해결하기 위해 파스를 붙이거나 마사지 도구를 활용하고 있지만 체형까지 잡아주지는 못한다.

하지만 평소에 5~10분씩만 해줘도 긴장된 근육이 풀어지고 체형이 틀어지는 것을 막아 주는 비법이 있다. 바로 마사지볼로 뭉친 곳을 푸는 것이다. 하지만 아무리 수업할 때 마사지볼이 시원하다고 느껴도 집에서 스스로 하게 만드는 것은 쉽지 않았다. 그래서 고객의 건강을 위해서 스스로 움직이도록 만드는 것이 우리의 목표가 되었다.

먼저 마사지볼이 없는 분들에게 선물로 드린 후 알람처럼 연락을 해서 마사지할 부위와 방법을 알려드리는 방법을 사용하기로 했다. 먼저 누워서 또는 벽에 기대고 쓰기 쉬운 마사지볼과 직장 또는 여행 가서 쓰기 편리한 손잡이 마사지볼을 준비했다. 요즘 유행하는 선물용 가방에 넣어 더욱 고급스럽게 포장했다. 그리고 선물을 색깔별로 줄을 세운 뒤 촬영했고 선물을 드리기 전, 후로 고객에게 메시지를 보내면서 기대감을 심어주었다. 또 선물하면서 친절하게 사용하는 방법을 알려주자 "우와! 뭐예요? 포장까지 직접 하신 거예요? 감사합니다!" 라는 반응이 나왔고 사진을 본 후에

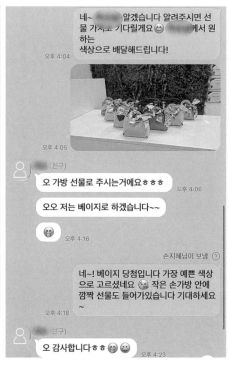

는 센스가 좋다는 메시지를 보내왔다.

그뿐만 아니라 다른 트레이너의 퇴사로 고객들을 인수하는 과정 중에도 마사지볼을 선물로 드렸다. 고객들이 담당자 변경으로 인해 그만둘 수 있는 상황임에도 새로운 트레이너와 함께 운동하기로 한 결정에 감사를 표하기 위해서였다. 물론 그만두는 고객에게도 건강을 기원하면서 그동안 함께 해주셔서 감사하다는 예의를 표하기도 했다.

한참 시간이 흘러 크리스마스를 앞두고 한 동료가 마사지볼로 무언가 열심히 만들기 시작했다. 그리고 나를 부르더니 "선생님 이것 보세요! 귀엽죠?"라고 보여주는데, 크리스마스트리에 매다는 금색 장신구였다. 포장을 너무도 잘해서 마사지볼을 장신구로 착각할 뻔했다. 그리고 눈사람 모양의 인형을 보여주면서 이건 2개짜리 마사지볼이라고 했다. 너무 귀여운 크리스마스 선물이었

다. 요즘 크리스마스 선물도 잘 하지 않는 시대에 정성 가득한 선물이었다. 심지어 트레이너가 직접 웃으면서 선물 주머니를 들고 고객에게 선물을 드리는 모습이 마치 산타 같았다.

"고객님이 마사지볼을 사려고 했는데 마침 딱 주셨다면서 엄청나게 좋아하셨어요!"라며 신난 아이처럼 말했다. 그러면서 다음에 선물할 고객을 정하고 열심히 만들기 시작했다. 작은 관심과 정성이 고객들의 마음을 녹이고 그 감동이 고객들을 움직이게 한다는 것을 다시 한번 깨닫는 순간이었다.

식욕을 잠재우는
"안돼요!" 스티커의 마법

다이어트를 성공적으로 수행하기 위해서는 건강한 식습관을 가지는 것이 매우 중요하다. 무엇보다 음식을 먹기 전에 의식적으로 생각하도록 해야 한다. 고객들은 "선생님, 먹다 보니 나도 모르게 다 먹었어요." 또는 "습관적으로 과자를 먹고 있어요."와 같이 이야기한다. 고객 중 한 사람은 "선생님, 저 절에 들어가고 싶어요. 산으로 둘러싸인 절에 들어가면 살이 빠지지 않을까요?"라며 자책하기도 했다.

먼저 이러한 행동 패턴이 왜 발생하는지를 이해하는 것이 우선이다. 먹는 습관은 우리의 일상생활에서 자동화되어 무의식중에 발현되기 때문이다. 또한 스트레스, 우울감, 불안과 같은 감정을 달래기 위해 음식을 찾고 음식을 섭취함으로써 일시적인 만족감을 얻기도 한다. 이러한 분들에게는 음식을 먹기 전에 의식적으로 "멈춰!"라고 생각하도록 도와주어야 한다. '고객들과 24시간 붙어있지도 않는데, 매번 먹지 말라고 연락을 드려야 할까요?'라고 생각할 수 있다. 연락을 시도 때도 없이 하는 것은 상대방에게 실례일 수 있고, 식사에 대한 통제감을 주는 것도 때로는 불만의 요인이 될 수도 있다. 그러므로 적절한 방식으로 관심을 전하면서 고객을 지원하는 요령이 필요하다.

이러한 심리적인 내용을 감안하여 식습관을 개선하고 싶은 고객들에게 도움을 주기 위해 담당 트레이너를 닮은 캐릭터를 만들었다. 그리고 손으로 "안 돼요!"를 표현한 X 모양을 한 모습을 스티커로 제작했다. 기분 나쁘지 않은 식욕 억제 스티커가 탄생하였고, 대량으로 제작하여 고객들에게 선물했다.

고객들은 스티커를 받은 뒤 다양한 곳에 부착하기 시작했다. 공부할 때 먹는 과자, 찬장 안에 있는 라면, 냉장고 안에 맥주 등을 스티커로 도배했다. 그리고 "먹지 않고 고

찬장에 고이 봉인...해뒀습니당　오후 7:26

이 봉인해 두겠습니다.", "공부할 때 몇 알씩만 먹고 참으려고요.", "제가 제일 좋아하는 간식에도 붙였습니다."와 같은 메시지로 굳은 의지를 보여주었다.

실제로 바디프로필 촬영을 희망하던 한 고객은 이러한 방법으로 평소 자주 먹는 아이스크림, 라면, 군것질을 끊어냈고 결과적으로 체중 5kg을 단기간에 감량해 마음에 드는 바디프로필 사진을 얻어냈다. 또한 스트레스로 야식을 즐겨 먹는 고객은 이 스티커를 사용하고 나니 선생님이 지켜본다는 생각에 실망하게 해드리고 싶지 않아 자연스레 야식을 먹지 않게 되었다고 고백했다.

이러한 방법을 활용하면 음식을 먹기 전에 의식적으로 "멈춰!"라는 생각을 하게 되고, 고객 스스로 자제력을 키울 수 있으며 자신감도 키우게 해준다. 이러한 변화는 결국 다이어트의 성공뿐만 아니라 건강한 습관을 유지하는 데 큰 도움이 된다. "먹으면 안 돼요!"라는 말보다 훨씬 효과적인 방법이 아닐 수 없다.

STEP.08

고객과의 관계 유지 전략 :
상장 수여

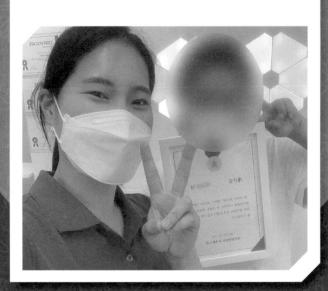

연인 관계에는 시작과 끝이 있듯이, 수업에서도 제한된 세션 내에서의 만남과 이별이 있다. 고객을 얼마나 중요시하는지에 따라 고객 관계에서 큰 차이가 나타난다. 다시는 안 볼 사람처럼 행동하는 트레이너는 제한된 세션 동안에만 집중하고 관계를 형성한다. 주로 운동 동작을 가르치는 데만 집중한다. 그리고 세션이 끝나면 고객과의 연결도 끊어버린다. 그들은 고객과 대화를 최소화하거나 적당한 선을 유지하며 관계에 시간과 노력을 덜 투자하는 성향이 있다.

하지만 평생 고객으로 대하는 트레이너는 고객과의 관계를 오래 유지하려고 노력하며 적극적으로 대화를 시도한다. 단순히 운동 지도에만 끝나지 않고 고객의 목표와 욕구를 이해하고 고객의 운동 능력 향상뿐만 아니라 고객의 건강과 웰빙에 대해서도 전반적으로 관심을 가진다. 그리고 고객의 성장과 발전을 위해 지속해서 동기부여를 하려고 노력한다.

나는 그 방법 중의 하나로 수업이 종료되는 고객들에게 상장을 만들어 드리기로 하였다. 많은 사람이 학교나 직장에서 업적을 인정받아 상장을 받는 것은 흔한 일이지만, 헬스장에서 꾸준한 참여와 노력에 대해 상장을 받는 것은 극히 드문 일이다. 상장을 받으면 성취감과 즐거움을 느낄 수 있고, 열심히 운동했던 그 순간을 회상하면서 다시 운동을 시작할 때 바디컨설팅을 떠올리는 시각적인 매개체가 될 수 있기 때문이다.

상장을 수여하면서 멘트에도 많은 신경을 썼다. 단순히 "고생하셨습니다! 감사의 의미로 제가 상장을 드릴게요"라고 하는 것보다 "그동안 함께 운동해 주셔서 진심으로 감사합니다. 수업이 끝나면 이제 얼굴을 뵙지 못한다는 생각에 많이 보고 싶을 것 같습니다. 건강해지고 자신감도 생기셨으니 건강을 위해서 꾸준히 유지될 수 있게 해주세요. 집 또는 주변 가까운 헬스장에서 해보시고, 어려운 부분 있으면 언제든지 연락하세요. 세션이 종료된 이후에도 저의 영원한 고객이시기 때문에 제가 고객님의 건강은 끝까지 책임지겠습니다."라고 말씀드렸다.

한편 오랫동안 다닌 고객이 개근상을 받고는 "선생님 저 다음에 또 올 거예요. 상장 받으면 졸업해야 하는 거 아니에요? 그럼 안 받을래요!"라고 해서 적지 않게 당황한 적도 있다.

요즘 건강관리는 평생 해야 하는 숙제가 되었다. 체중이 증가하거나 체력이 떨어지면 다시 운동을 시작하는 무한 반복이다.

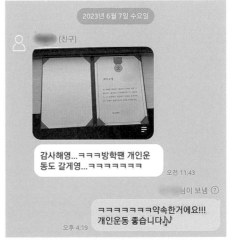

종료된 고객들이 다시 오게 만드는 방법이 뭘까? 한번 피티 받고 나면 다시 온다는 보장은 없다. 거리가 멀어지면 마음도 멀어지기 때문이다. '첫인상은 오래가지만, 마지막 인상은 평생 간다'는 말이 있다.

2년간 함께 운동하고 함께 식사했던 고객과의 일이다. 식사 도중 갑자기 "선생님은 2년간 다니면서 항상 한결같으신 거 같아요! 원래 사람은 잘 변하는데, 선생님은 항상 파이팅 넘치고 긍정적이고 열심히 사시는 분 같아요. 선생님이랑 수업은 끝나지만 또 볼 거라는 생각이 들어서 헤어진다고 생각하지 않아요."라고 웃으면서 이야기했다. 나의 평생 직업 철학을 고객이 먼저 이야기한 것이

인연은 어떻게 될 지 모른다고 언제 어디서 우연히 만나든, 아니면 제가 용산 갈 일이 있으면 파트너 운동하는거 너무 좋구요, 혹은 그냥 저의 베스트 트레이너쌤이니까 운동 조언을 구하든, 쌤과 맺은 소중한 인연 오래오래 유지하고 싶어요. 쌤과의 관계가 일로만 얽힌게 아니라 서로의 진심이 많이 섞였던 걸 알고 있고, 또 쌤만큼 진정성 있고 인간적으로 인격적으로 존경스러운 분을 만나게 돼서 정말 저는 복 받았어요~~~ 히히히

제가 가진 지혜쌤중에 최고인 지혜쌤 ㅋㅋ 올 한 해도 건강하고 즐겁게 보내시고요! 울 쌤은 늘 즐겁고 긍정적인 에너지를 주는 분이잖아요. 쌤만큼 좋은 분들을 곁에 많이 만나시길 바랍니다. 정말 많이 감사해요!

다. 내가 추구했던 방향을 고객이 먼저 알아주었다는 사실에 감동이 밀려왔다. 그렇게 수업이 종료되는 날 고객과 맛있는 식사를 하고 미술 전시회를 함께 즐기며 서로의 건강한 앞날과 성장을 위해 함께 달려가기로 하였다.

STEP.09

고객 맞춤형
스포츠 트레이닝

최근 골프, 테니와 같은 스포츠가 대중화되면서 남녀노소 다양한 연령대의 사람들이 운동을 배운다. 그리고 스포츠 트레이닝에 대한 관심이 높아지면서 선수가 아닌 일반인들을 위한 골프 트레이닝 센터도 많이 생기기 시작했다. 그래서 '고객들이 헬스장에서 운동하는 김에 스포츠 트레이닝을 할 수 있으면 얼마나 좋을까?' 라는 생각이 들었다.

외국 유튜브에서 'golf workout'이나 'training'으로 검색하여 고객이 따라서 할 수 있는 동작을 찾아보았다. 다양한 동작이 등장했지만, 골프 기술을 모르다 보니 잘 이해가 되지 않았다. 그래서 어드레스 자세부터 백스윙, 다운스윙, 임팩트, 폴로스루 동작을 연구했고, 골프 게임의 규칙도 공부했다. 그리고 기본 동작을 익히기 위해 꾸준히 연습하였고, 어떻게 도움이 되는지 그 메커니즘을 연구하며 찾아보았다. 나는 골프 전문가는 아니기 때문에 동작이 어려웠지만 계속 연습하여 상당한 수준까지 도달할 수 있었다. 연습하면서 점점 자세가 개선되는 것을 느꼈고 유튜브에 올라온 동작을 제대로 구현할 수 있었다.

그때부터는 어떤 부위에 자극이 가는지도 연구했다. 백스윙할 때는 등 근육이 많이 쓰이고 몸통을 회전하면서 복근이 순간적인 파워를 만드는 데 도움을 주었다. 종아리 근육은 백스윙과 임팩트 순간에 지지대 역할을 하였다. 이렇게 찾아낸 시각적인 자료를 사용하여 고객에게 어떤 근육 부위에 영향을 주는지를 보여주면서 해당 동작의 효과와 중요성을 알려주었다. 또 프로 선수처럼 훈련할 수 있다는 기대를 할 수 있도록 했다. 시각적인 자료를 많이 활용했는데 말로 설명하는 것보다 이해하기

골프 트레이닝 & 코어 강화

보수볼 위에서
케이블 잡고 오른쪽으로 당기기

Point

흔들흔들 몸의 중심을 잡으면
코어는 더 강해져요!

쉽기 때문이다.

　당초 근력 향상을 목적으로 방문했던 한 고객과 수업 시간에 대화한 적이 있다. 그러다가 취미 생활로 골프를 친다는 것을 알게 되었고 골프 트레이닝을 함께 진행한 결과 고객 만족도가 훨씬 높아졌다. 어느 날 고객이 사진을 보내주면서 "170m였던 비거리가 200m로 늘어났습니다! 이번 해에 운동을 시작한 것은 최고의 선택이에요."라며 필드에서 부상 없이 재밌게 운동하고 있다고 연락이 왔다.

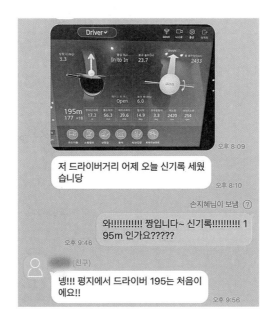

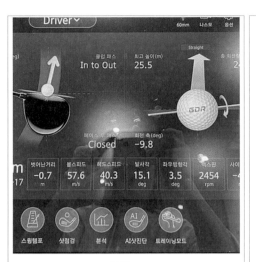

운동신경이 전혀 없다고 생각했던 몸인데 일주일에 한번이라도 꾸준히하니 어렵던 동작도 되고, 몸을 쓰는 방법도 알게 되더라구요. 무엇보다 제가 좋아하는 골프에 도움이 되어서 비거리도 많이 늘고, 다치지 않고 즐기면서 골프를 칠 수 있는거 같아요! 앞으로도 열심히 해보려구요~!

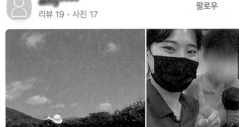

리뷰 19 · 사진 17   팔로우

늦은나이에 운동을 시작해서 큰 기대 보다는 바른자세라도 유지해야겠다 했어요. 아프고 안 좋은데 많은데 : 발목에서 뚝뚝 소리나면 강화운동 시켜주시고, 골반이 틀어졌는데 골반강화하는 스트레칭 갈켜주시고~ ^^
골프를 좋아해서 지면반발력, 골반회전, 상체 몸통회전도 하고 : 센터 갈때마다 자전거 타고, 하체, 뱃살 운동 계속하니 딱붙는 운동복도 예전보다 편하게 입게되었네요.

한편 인라인스케이트를 가족들과 함께 타는 고객이 있었다. 근력과 체력 향상이 목적이었는데 가족 중에서 가장 못 타고 몸치라서 스케이트 선생님께 많이 지적받는다고 했다. 나는 기초근력을 강화할 수 있는 운동뿐만 아니라 스케이트를 더 잘 타기 위한 동작을 연구하기 시작했다. 국내 영상과 자료는 많이 부족해서 'inline-skate drill'이나 'muscle'을 검색하면서 찾아보았고 쇼트트랙 선수들이 훈련하는 영상도 참고했다.

스케이트는 기본적으로 무게중심이 낮은 동작으로 이루어져 있기 때문에 허벅지 앞쪽과 뒤쪽 근육을 가장 많이 사용한다. 부상 방지를 위해서 허벅지 안쪽, 엉덩이, 코어근육을 발달시켜야 했다. 그래서 고객이 따라할 수 있는 쉬운 운동부터 난이도 있는 동작까지 단계별로 프로그램을 구성했다. 수업 마지막에는 항상 스케이트의 기본자세인 쿠션 자세, 팔치기 동작 등을 연습하여 마무리하였다. 30회째일 때 고객은 주말 스케이트 강습에서 칭찬받았다고 좋아했다. 예전보다 스피드가 나고 무게중심 이동이 잘 된다면서 가족들과 재밌게 탔다는 말을 전했다.

앞으로도 고객들을 위해서 스포츠 트레이닝에 시간과 돈을 투자하여 연구할 계획이다. 어렸을 적부터 부모님께서 테니스, 배드민턴, 탁구, 산악자전거와 같은 스포츠를 즐기셨기 때문에 많은 영향을 받았고, 스포츠가 삶의 질에 얼마나 많은 영향을 미치는지 몸

소 경험했다. 꾸준한 연구를 통해 수업의 질을 향상하고 고객의 니즈에 부응하기 위해 노력할 것이다. 이러한 노력은 서로가 win-win 하는 결과를 가져다줄 것이다.

수업 중에 항상 고객의 움직임과 반응에 집중하고 몰입하지만 스포츠 트레이닝 시에는 특히 몰입력이 높아진다. 스포츠는 다양한 움직임으로 이루어진 운동이기 때문에 다칠 위험이 있다. 그래서 고객의 발, 무릎, 골반, 허리, 목까지 전체적으로 계속 관찰하고 무리가 가는지 관찰한다. 수업이 끝나면 내가 운동한 것처럼 땀 범벅이 될 때도 있다. 이렇게 혼을 담는 수업은 고객에게 큰 감동으로 남는다.

STEP.10

등산으로 일상에
특별함을 더하다

수 업 시간과 별도로 고객들과 함께 시간을 보낼 방법으로 등산을 떠올렸다. 가을에 낙엽이 아름답게 물든 산으로 가서 운동하고 고객들과 수다를 떨면서 스트레스를 해소할 수 있을 듯해서이다. 이를 통해 고객들과 더 가까워지고 교감하고 일상적인 대화를 통해 소통할 수 있는 기회를 얻는 것이 목표였다.

우선 사전 답사를 통해 부상이나 불편함을 최소화하기 위한 준비를 철저히 했다. 동료들과 함께 답사하면서 집합 장소, 교통수단, 등산로, 휴식 장소, 화장실, 간식, 사진 촬영 장소, 이동 시간, 해산 장소 등을 꼼꼼히 고려했다. 그뿐만 아니라 이동 및 등산 시간을 보다 즐겁게 보낼 수 있도록 간식과 이야깃거리를 준비했다. 정성이 가득한 과일과 음료수로 구성된 간식을 제공하고, 산 이름의 유래나 산의 높이에 대한 퀴즈 등을 통해 이야기를 나눌 수 있는 흥밋거리를 미리 준비했다.

또한 참석 인원을 모으기 위해 포스터와 멘트를 준비했다. 〈바디컨설턴트와 함께하는 가을 산행〉이라는 제목으로 멋진 디자인과 함께 고객들의 흥미를 유발할 수 있도록 포스터를 만들었다. 멘트도 준비하여 이 행사가 평소 등산과는 다른 재미있고 특별한 경험이 될 것임을 고객들에게 전달했다. 마지막으로 수업이 종료된 고객들에게도 연락하여 이벤트가 진행된다는 것을 알렸고, 수업 중인 고객들에게는 2주 전부터 전달하여 충분히 시

간을 가지고 참가 여부를 결정할 수 있도록 하였다.

등산 당일 고객들과의 좀 더 자연스럽고 친밀한 대화를 위해, 운동복이 아닌 사복 차림으로 참석하여 인간적인 매력을 보여드리고자 했다. 사복 차림의 모습을 보고 고객들은 호기심과 관심을 가졌고 대화가 더욱 원활하게 이어졌다.

서로 처음 보는 고객들끼리 어색해할 것이 우려되었지만 운동이라는 공통된 관심사를 주제로 소통하고 개인적인 이야기와 감

정을 솔직하게 얘기하니 재밌어했다. 그중에서도 조용한 고객이 있었는데, "사실 저도 런지를 엄청나게 힘들어하고 싫어해요." 라고 이야기하자 "선생님이요? 잘하시길래 하나도 안 힘드신 줄 알았어요."라며 편안한 분위기에서 대화를 이어갈 수 있었다. 등산하는 동안 한 사람 한 사람 소통하며 즐거운 시간을 보낼 수 있도록 노력했다. 등산이 끝난 후 고객 중 점심 식사를 함께하자고 제안하는 분도 있었다.

이처럼 세심한 준비와 배려를 통해 고객들에게 특별한 경험을 만들어 주었고, 나에게도 소중한 추억이 되었으며 고객들의 감동과 만족도를 더욱 극대화할 수 있었다.

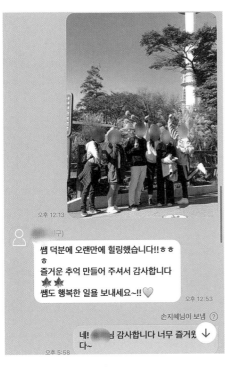

오후 12:13

👤 ■■(구)

쌤 덕분에 오랜만에 힐링했습니다!!ㅎㅎㅎ

즐거운 추억 만들어 주셔서 감사합니다 🍁🍁

쌤도 행복한 일을 보내세요~!!🤍

오후 12:53

손지혜님이 보냄 ⓘ

네! ■■■님 감사합니다 너무 즐거웠다~ ↓

오후 5:58

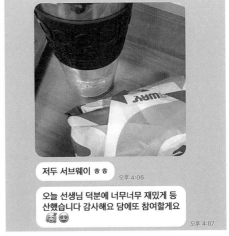

저두 서브웨이 ㅎㅎ

오후 4:06

오늘 선생님 덕분에 너무너무 재밌게 등산했습니다 감사해요 담에또 참여할게요 🥰😍

오후 4:07

STEP.11

요리로 고객에게 감동을

바 디컨설팅을 찾아오시는 고객 대부분은 식단에 어려움을 겪는다. 매일 술을 마시거나 과일을 밥 대신 먹는 분, 하루에 한 끼만 먹거나 군것질을 많이 하는 분 등 정말 다양하다. 그동안 고객들의 건강한 식습관을 만들기 위해서 갖은 노력을 기울였고, 그 과정에서 몇 가지 깨달음을 얻었다. 고객을 리드하기 위한 근본적인 방법이다.

한 사례를 소개하자면, 다이어트를 목표로 하는 고객들에게 한 끼는 반드시 두부와 김치를 함께 섭취할 것을 제안했다. 하지만 김치를 안 좋아하는 분들이 많고, 두부와 김치가 식사라고 생각하지 않는 분들도 있어서 김치 외에 더 다양한 선택지와 조합을 찾기 시작했다. 확실히 김치와 비슷한 종류인 갓김치, 열무김치와 양파장아찌 같은 짠 절임류는 두부와 궁합이 잘 맞았다.

하지만 이것도 먹다 보니 질리는 느낌이 있어서 단 음식과 짠 음식의 조합을 고민하다가 어머니가 해주신 반찬을 떠올렸다. 바로 달달한 꽈리고추 멸치볶음이다. 양념으로 프락토올리고당만 넣으면 달콤해지고 장 건강에도 도움을 주어 건강한 식단으로는 안성맞춤이었다. 그러나 반찬 사이트에서 달달한 멸치반찬을 아무리 찾아도 없기에 내가 직접 만들어 보기로 했다.

어머니의 레시피로 한 나의 첫 요리는 꽤 성공적이었다. 고객들이 저녁에 이 음식을 두부와 함께 먹는다면 더 많은 고객이 쉽게

건강한 식단을 유지할 수 있을 것이라 확신했다. 하지만 아무리 좋은 식단이라도 재료 구매부터 손질, 요리까지의 과정은 쉽지 않기 때문에 직접 만든 요리를 맛보기용으로 예쁘게 포장해서 주기로 결정했다. 고객들은 직접 먹어보고 '오! 괜찮은데!' 하며 긍정적인 느낌을 받아야 그 음식을 계속 찾기 때문이다.

다이소에서 일회용 용기와 포장 끈을 구매하고 간단한 편지를 쓸 수 있게 카드도 준비했다. 그리고 기대감과 동기를 부여해줄 수 있는 멘트와 함께 나눠드렸다.

"제가 고객님을 위해서 두부와 같이 먹을 수 있는 메뉴를 직접 만들어보았습니다. 어머니가 해주신 반찬 중에서 제가 제일 좋아하는 메뉴인데요! 두부와 같이 먹으면 훨씬 맛있으실 거예요. 그리고 지금까지 건강하게 못 챙겨 드셨다면 다시 이 반찬과 함께 시작해 보는 건 어떨까요?"

고객들의 반응은 폭발적이었다. 조용하고 다소 거리감을 유지하고 있던 분도 "이걸 저한테 주신다고요? 선생님한테 이런 모습이 있는지 몰랐어요!"라며 환하게 웃었다. 그리고 집에서 식사하는 모습까지 촬영해서 감사의 문구와 함께 메시지로 보내주었다.

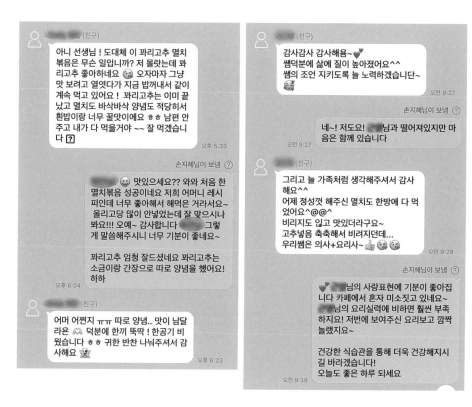

군것질을 좋아하는 고객은 "선생님 이번 기회에 제대로 식단 실천
해 봐야겠어요! 저 애플 힙을 꼭 만들고 싶어요."라고 의지를 표현
했다.

고객과의 교감을 위해서 시간과 노력을 투자하고 유대감을 형
성해야 한다. 일반적으로 고마움을 표하기 위해 밥을 산다거나 비

싼 선물을 주는 경우는 있지만 요리를 해주는 일은 거의 없다. 그만큼 요리에는 시간과 노력이 들어가기 때문이다. 시간을 내서 조리법을 공부하고 따라 하며 요리에 나의 애정을 담았다. 그리고 이러한 애정과 진심이 고객에게 전달되면 고객은 특별함을 느끼게 되고 마음을 열게 된다.

STEP.12

러닝을 통해 찾아가는
운동의 즐거움

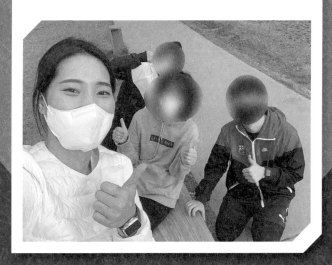

등산에 이어 이번에는 러닝을 계획했다. 내가 러닝을 좋아

하고 고객들 중 서넛은 혼자 뛰는 분들이 있었다. 러닝을 하는 고객들은 보통 체력증진 목적이 많았다. 먼저 사전답사부터 했는데, 센터에서는 이촌한강공원이 가장 가까웠고 버스로 한 번에 갈 수 있었다. 그런데 한강변을 직접 뛰어 보니 일직선 구간이 단조롭게 느껴지고 좀 지루한 편이었다. 그래서 다른 장소로 변경해야 하나 고민하고 있었는데, 이촌 한강공원 앞 노들섬에서 야외전시 및 공연을 하고 있는 게 아닌가. 고객들과 러닝을 한 후에 휴식하면서 구경하면 좋은 추억거리가 될 듯 싶었다.

러닝 중간에 목을 축이면서 편하게 뛸 수 있게 고객들을 위한 물도 준비했다. 예전에 구보 하던 실력을 발휘해서 고객들을 이끌고 앞뒤로 왔다 갔다 하면서 대열에서 뒤로 쳐지는 고객들을 챙겼다. 앞에서 잘 뛰는 분도 뒤의 분들을 배려하여 속도를 천천히 낮

추거나 조절하면서 뛰어주셨다.

집에 돌아가는 길에 한 고객은 "혼자 뛸 때는 힘드니까 걷기만 했는데 다 같이 뛰니까 더 힘이 나는 거 같아요. 힘들지만 기분은 좋아요."라고 했고, 다른 분은 "알차게 주말을 보낸 거 같네요. 짧은 시간이었는데 공연도 보고 재밌었어요."라고 말했다.

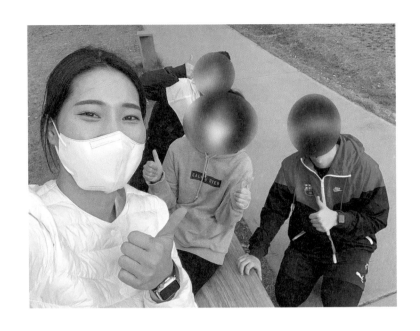

　같은 목표를 위해서 같이 가면 덜 힘들고 시간을 알차게 쓰면 그만큼 뿌듯한 일도 없다. 고객들의 운동 파트너로서 혼자서는 쉽게 포기할 목표도 함께하면 쉽게 달성할 수 있기에 운동이 얼마나 재밌고 즐거운 것인지 알려주고 싶었다. 그리고 침대에 누워있는 것보다 시간을 쪼개어 운동했을 때 자긍심도 올라가고 삶의 만족도도 높아진다는 것도 전달하고 싶었다.

　남산과 한강에서의 모임을 준비하며 느낀 점이 있다. '고객들은 왜 혼자 운동하는 것을 더 어려워할까? 의지 문제가 아니라 다른 이유가 있을까?' 단순한 궁금증이 아니라 공감하고 이해하고 싶었다. 보통 혼자 운동하면 10분을 겨우 하다가 결국 포기한다. 유튜브에서 운동하는 영상을 보면 10분에서 20분 사이가 제일 많다. 그래서 나는 사람들이 운동을 어떻게 생각하기에 포기하게 되는지를 생각했다.

보통 운동을 싫어하는 사람들은 운동에 대한 부정적인 인식과 감정을 가지고 있다. 과거의 부정적인 경험이 현재에 영향을 미치는 경우가 많은데, 어릴 적에 운동을 거의 하지 않았거나 체육 시간에 자신감을 잃었던 경험이 있는 경우 운동에 흥미를 쉽게 잃는다. 또한 다른 사람과 비교하거나 자신을 비하하는 태도로 운동하는 경우도 그렇다. 이런 식으로 바디컨설팅에 찾아오는 분들의 마음을 이해하려고 노력했고 그 덕에 고객과 진심 어린 소통을 할 수 있었다.

모두가 함께 응원하고 격려하는

환경에서 운동하면 의지가 약한 사람도 자신의 수준을 넘어설 수 있다. 서로 공감하고 칭찬해 주니 기분도 좋아지고 자신감도 올라간다. 실제로 고객들이 "저는 옛날부터 몸치였는데, 선생님이랑 수업하면 운동이 쉽고 잘돼요."라는 하는 말도 많이 들었다.

이처럼 우리는 고객의 과거와 마음을 이해하면서 운동이 스트레스를 주는 활동이 아니라 누구나 쉽게 할 수 있고 즐겁고 재미있는 활동이라는 긍정적인 인식을 심어주기 위해 노력해야 한다.

고객과 함께하는
크리스마스 이벤트

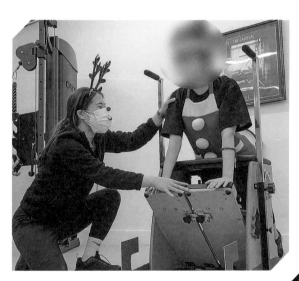

크 리스마스가 다가오는 시즌 수업을 즐거운 시간으로 만들기 위해 창의적인 아이디어를 고민했다. 고객님들께 색다른 경험을 제공하면서도 운동을 재미있게 만들기 위한 계획을 세웠다. 먼저 크리스마스 분위기를 조성하기 위해 필라테스 체어와 리포머를 썰매로 변신시키는 아이디어가 나왔다.

필라테스 기구에 루돌프의 귀여운 눈, 빨간 코, 갈색 뿔과 귀를 달아놓고, 마치 썰매처럼 느껴지도록 꾸몄다. 나무 소재로 되어 있는 필라테스 기구와 잘 어울렸다. 이렇게 크리스마스 컨셉으로 바뀐 운동 기구와 함께 공간 곳곳에 크리스마스 분위기를 조성하여 고객들에게 색다른 경험을 만들어 줄 수 있었다.

기구와 센터를 꾸미는 것에 그치는 게 아니라 고객들에게는 산타 모자를 착용하도록 안내하고, 크리스마스 분위기에 참여하고 있다는 느낌을 더 잘 받을 수 있도록 했다. 나는 마스크와 머리띠를 활용해 루돌프로 변신하여 산타로 변한 고객님의 썰매를 끄는 것처럼 보이도록 했다. 중요한 것은 운동을 재밌게 끌어내는 것이기 때문에 보이는 즐거움에만 그치지 않았다. 이를 통해 고객들은 재미있게 운동할 수 있었고, 수업에 참여하는 것뿐만 아니라 크리스마스의 특별한 순간까지 함께 나눌 수 있었다.

세상에서 하나뿐인 사진

마지막으로 수업의 즐거운 추억을 간직하기 위해 기념사진 촬영을 진행했다. 그렇게 촬영한 사진을 메시지로 보내기로 했는데, 사진 속에 고객이 더 특별해 보이도록 하고 싶었다. 그래서 밋밋한 사진에 직접 그림을 그렸다. 고객을 밤하늘에 선물 보따리를

들고 가는 산타로 만들어 보았다. 사진을 찍은 그대로 보냈을 때
보다 고객들의 반응이 훨씬 더 좋았다. 갑자기 산타가 된 자기 모
습에 웃음을 보였고, 직접 그림을 그렸다는 말에 "선생님, 이런
것까지 할 줄 아세요? 너무 웃겨요!"라며 더욱 친밀감을 느꼈다.

크리스마스뿐만 아니라 고객들이 운동을 매우 열심히 한 날에
도 셀카를 촬영했다. 그리고 사진에 짧은 문구를 넣어 보냄으로
써 보람된 시간으로 기억되게 했다. 사진은 언제든지 찍을 수 있
을 수 있지만 그 사진에 스토리와 나의 감정을 담으면 특별한 사

진이 된다. 그리고 나중에 사진첩에서 그 사진을 보고 나를 떠올리다면 얼마나 감사한 일인가? 그 사진을 보며 고객들은 당시의 감정이 떠올리며 가끔 안부를 묻기도 한다. 이처럼 고객들과 함께 나눈 감정과 추억을 담은 사진은 정말 소중하다. 그 사진을 보며 고객들을 생각하고 그 감정을 다시 느끼며 내가 하는 일에 동기부여가 되기도 한다.

STEP.14

조명을 활용한
공간 이미지 메이킹

우 리 센터에는 나노리프 스마트 조명이 있다. 인테리어로 많이 활용되는 조명인데 내가 원하는 모양대로 만들고 색상도 바꿀 수 있다. 계절별로 센터의 분위기를 전환할 수 있고 노래 박자에 맞춰서 자동으로 색상을 변하게 할 수도 있다. 물론 헬스장에 조명이 어떤 도움이 되는지 의문을 가질 수 있다. 하지만 새로운 것을 기획하고 실행할 때는 고객들의 입장에서 생각해 봐야 한다. 고객들이 '조명의 색깔이 바뀌었네!'라고 느끼기만 한다면 투자 대비 효과는 없는 것이다. 단순히 설치하는 걸로 끝낼 게 아니라 고객들이 이 조명을 통해 재미를 느끼고 사진 촬영 등의 이벤트를 하도록 끌어내야 한다.

계절별로 색깔을 나타낼 수 있는 것들을 떠올렸다. 봄에는 노란 개나리와 핑크색 벚꽃이 있고, 여름에는 초록색 나무와 푸른 바다가 있다. 가을에는 갈색의 낙엽이 있다. 그래서 진한 노란색과 옅

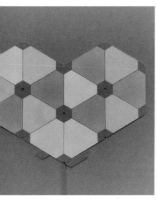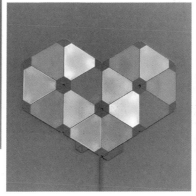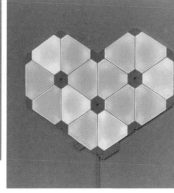

은 노란색을 넣어서 개나리 이미지를 만들었고, 수업에 오는 고객들에게 "요즘 개나리가 많이 폈더라고요. 그래서 개나리를 못 보신 분들을 위해서 제가 조명으로 개나리를 만들었습니다. 오늘도 밝은 분위기 속에서 시작해 볼까요?"라고 이야기했다. 고객들은 "와 예뻐요! 이거 어떻게 하는 거예요? 저 노란색 좋아해요"라면서 활짝 웃었다. 벚꽃이 폈을 때는 흰색과 연한 핑크색을 넣어서 벚꽃 이미지를 만들었다.

이번에는 벚꽃 머리핀까지 사용해 보기로 했다. 조명 앞에서 벚꽃 머리핀을 하고 함께 사진 촬영을 하며 추억을 남기는 컨셉이다.

"오늘은 벚꽃 컨셉입니다. 요즘 벚꽃이 엄청나게 폈더라고요. 벚꽃 구경 가면 머리핀도 팔잖아요. 오늘은 제가 지혜 님을 위해서 머리 핀을 직접 준비했습니다. 같이 추억으로 사진 하나 찍을까요?"

벚꽃 머리핀을 한 번도 해본 적이 없는 고객들은 신기해하고 재 밌어했고, 해본 적이 있는 고객들은 옛날이야기를 꺼내며 추억을 떠올리기도 했다. 물론 머리핀을 부끄러워하는 고객들도 있었지 만, 그런 고객들에게는 벚꽃 조명만 보여주며 자연스럽게 대화를 이끌었다.

STEP.15

친목과 열정의 만남,
월드컵 이벤트

카타르 월드컵 열기가 한창이던 2022년. 수요일 오후 10시에 축구 경기가 예정되어 있었다. 동료들과 경기를 관람하고 고객들과 함께 즐길 방법을 찾았다. 술집에서 빔 프로젝터를 이용해 축구 경기를 보여주듯이, 센터를 응원 장소로 활용하기로 결정했다. 마사지 베드를 옮기고 모니터와 간이 의자를 설치하니, 20명이 충분히 앉을 수 있는 공간이 마련되었다.

맛있게 먹으면서 다이어트 할 수 있습니다!

월드컵 응원에 빠질 수 없는 것이 바로 야식이다. 그러나 고객의 건강을 고려하여, 기름에 튀긴 치킨 대신 건강하게 먹을 수 있는 구운 치킨을 준비하기로 하였다. 또한 개인당 계란 2개씩을 제공하여 단백질 보충에도 신경을 썼다. 음료도 제로 콜라로 준비함으로써 건강을 고려한 완벽한 야식을 준비하였다. 오후 10시가 되자 고객들이 하나둘씩 모여들기 시작했다. 앞에서 담당 선생님들

과 고객들의 자리를 배치하면서
불편함이 없는지 확인했다. 일사
불란하게 치킨, 계란, 콜라를 배
분하여 분위기를 더욱 활기차게
만들었다.

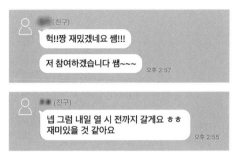

경기 도중 고객들이 더욱 재밌게 볼 수 있도록 각 선수의 역량
과 특징을 설명했다. 미리 선수들의 데이터를 유튜브로 찾아보
고 공부한 덕분에 축구 매니아인 것처럼 술술 이야기가 나왔다.
"손흥민 선수의 아버지가 축구 선수셨는데 기본기만 7년을 시켰
다…" 동료 트레이너들의 적극적인 리액션으로 분위기도 한껏 달
아올랐다. 골을 넣지 못하면 다 같이 아쉬워하고 골을 넣으면 다
함께 일어나서 기쁨을 만끽했다. 축구를 좋아하지 않는 트레이너
들조차도 월드컵으로 고객과 하나가 되었다.

이러한 행사를 주최할 때는 반드시 행사 목적을 정하고 동료들
과 충분히 공유해야 한다. 만약 선생님이 아무 말 하지 않고 축구
만 시청한다면 집에서 혼자 보는 것과 다를 게 없다. 예전에 축구
모임에서 축구 선수들의 기술과 특징을 자세하게 설명해주시는
분이 계셨는데, 얼마나 재미있게 설명하시던지 하루 종일 들어도

지루하지 않을 정도였다. 그런데 같은 팀을 응원하면서도 아무 말도 하지 않는 분은 말 한번 섞어보지 않아서 목소리도 모르는 사람이 있었다.

고객의 시간을 소중히 생각했으면 좋겠다. '재밌을 것이다.'라는 기대감으로 믿고 오는 고객이 대부분이다. 이러한 기대에 부응하기 위해 노력해야 한다. 소개팅 전 준비 과정과 유사하다. 소개팅을 앞두면 상대방과 어디에서 시간을 보낼지, 어떤 주제로 이끌어갈지 고민한다. 즉, 한정된 시간 안에 상대방에게 호감 가는 이미지를 만들고 '함께 있으면 즐거운 사람'이 되어야 한다.

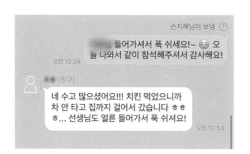

다이어트 고민,
배달 음식 추천으로 해결

**배달음식이 먹고
싶을 때?**

육회
스테이크 샐러드

광어회
쭈꾸미볶음

닭꼬치
찜닭
구운치킨

족발
목살구이

월드컵 시즌은 다이어트를 실천하는 사람들에게는 가장 어려운 시간일 수 있다. 그 이유는 바로 야식의 유혹 때문이다. 경기를 보면서 피자나 치킨과 같은 고칼로리 음식을 섭취하는 것이 일반적이기 때문에, 이런 습관이 다이어트를 방해할 수 있다. 따라서, 고객들이 음식을 주문하기 전에 건강에 좋고 칼로리가 낮은 다이어트 메뉴를 추천해 주는 것이 좋다. 이렇게 하면 고객들은 월드컵을 즐기면서도 건강한 식습관을 유지할 수 있을 것이다. 이러한 서비스는 특히 다이어트를 위해 식단을 조절하려는 사람들에게 크게 도움이 된다.

디자인에 능한 동료가 '배달 음식 추천 메뉴' 카드를 제작하기로 결정하였다. 깔끔한 느낌과 시선을 끌 수 있는 디자인으로 만들었다. 바디컨설팅의 대표 색상인 파란색을 사용하여 전체적인 톤을 맞췄다. 더불어 메뉴를 텍스트 대신 이미지로 추천 메뉴가 한눈에 알아볼 수 있게 만들었다.

고객들이 메뉴를 선택하는 데 도움을 주기 위해 오후 7시에서 9시 사이로 이미지를 보내는 타이밍을 맞췄다. 이 시간대는 대부분의 사람이 저녁 식사 메뉴를 고민하는 시간이기 때문이다.

이러한 노력 덕분에 다른 선생님들도 고객들에게 이 메뉴 이미지를 전송하였고, 고객들의 반응은 매우 긍정적이었다. "선생님, 저도 어떤 음식을 먹을지 고민하고 있었는데 딱 좋네요! 육회로 먹을게요." "구운 치킨은 살이 덜 찔까요? 몰랐어요."하고 연락이 왔다.

카드뉴스 형식은 구두나 텍스트로 전달하는 것보다 훨씬 간결하고 직관적이다. 특히 요즈음 세대는 글보다 이미지와 영상이 더 익숙하기 때문에 고객 입장에서도 이해하기 쉽다. 또한, 이 방식은 다

른 동료들도 쉽게 따라 할 수 있는 방식으로 더 많은 고객이 편리하게 정보를 받을 수 있다. 이런 점들을 고려해 볼 때, 카드뉴스는 요즘 시대의 트렌드에 맞는 효과적인 정보 전달 방법이다.

스티커로 성취감 맛보기

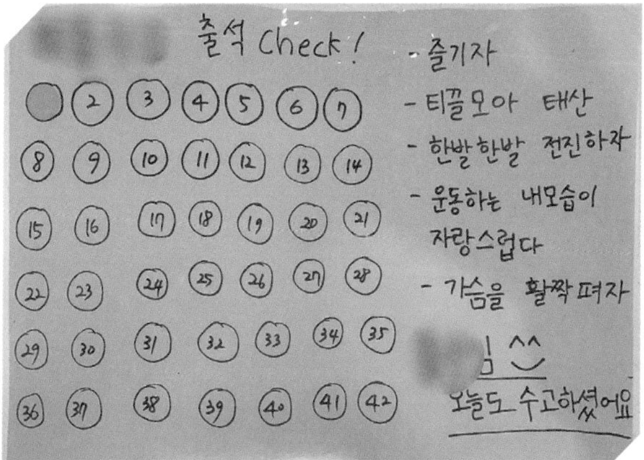

출석 Check!

① ② ③ ④ ⑤ ⑥ ⑦
⑧ ⑨ ⑩ ⑪ ⑫ ⑬ ⑭
⑮ ⑯ ⑰ ⑱ ⑲ ⑳ ㉑
㉒ ㉓ ㉔ ㉕ ㉖ ㉗ ㉘
㉙ ㉚ ㉛ ㉜ ㉝ ㉞ ㉟
㊱ ㊲ ㊳ ㊴ ㊵ ㊶ ㊷

- 즐기자
- 티끌모아 태산
- 한발 한발 전진하자
- 운동하는 내모습이
  자랑스럽다
- 가슴을 활짝 펴자

님 ^^
오늘도 수고하셨어요

선 생님이 직업인 여성 고객이 10kg을 감량하고 싶다고 찾아왔다. 운동을 정말 싫어하지만 예전 날씬했던 몸매로 돌아가고 운동 습관을 만들기 위해서 매일 센터에 와서 운동하기로 했다. 하지만 쉽게 습관이 만들어지지 않았다. 또한 체중이 쉽게 줄어들지 않자 노력할수록 실패하는 거 같아 포기하고 싶다고 했다.

이러한 상황에서 스스로 운동하면서 성취감을 느낄 수 있는 방법을 고민하던 중, 어렸을 때 모으던 포도 모양의 칭찬 스티커가 떠올랐다. 숙제하면 스

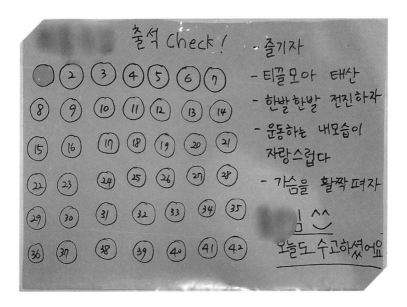

티커를 하나씩 받아 붙였는데, 다 붙이면 선물을 받을 수 있었다.

그래서 보라색 A3 용지를 구매했고 인터넷에 칭찬스티커 양식을 검색해서 용지에 따라 그렸다. 그 고객은 이 아이디어가 재미있고 귀엽다며 좋아했고, 스티커를 다 붙였을 때 목표한 체중을 달성했을 것이라고 희망적인 멘트를 했다. 그 고객은 학생 시절로 돌아간 것 같다며 스티커를 다 붙이기 위해 차근차근 노력하기로 했다.

이 방법을 통해 스스로 목표에 도달할 수 있도록 도왔고 그렇게

오후 10:02

밸런스도 쌤 덕분에 덜덜 안떨구
등운동 한 거 오늘 똑같이 전부 다 했어
요!

오후 10:03

3개월 동안 매일 개인 운동에 참여하며 스티커로 용지를 가득 채웠다. 칭찬스티커를 통해 스스로 자신감을 심어주었고 수업 종료 후에도 헬스장에 등록하여 꾸준히 운동을 이어나가는 방법으로 운동 습관을 형성하였다. 이처럼 스스로 운동 습관을 지님으로써 성취감을 느끼고 동기부여가 되는 사람이라면 스티커를 활용하는 것도 효과적이다.

스트레스와 다이어트를
동시에 잡는다

중년 남성 고객이 찾아왔는데 직장 생활과 가정에서의 스트레스를 줄이면서 천천히 다이어트를 하고 싶어 했다. 일상이 즐겁지 않고 우울감과 불행감을 느끼고 있으며, 운동을 거의 해본 적이 없어 만성피로를 가지고 있었다. 이번에도 고객의 상황을 상상하면서 도울 방법을 모색했다. 상대방의 힘든 상황에 몰입하면 도와줄 방법이 떠오르기 때문이다.

아침 일찍 힘들게 일어나 아침 식사를 거르고 무거운 몸을 이끌고 출근하는 모습이 그려진다. 그리고 컴퓨터 앞에 앉아서 하루 종일 키보드를 두드리며 무기력하게 앉아 일하는 모습, 점심에는 조용히 밥을 먹고, 오후에는 업무와 인간관계에 치이고 퇴근 후에는 집에서 쓸쓸히 밥을 먹는 모습, 취침 전 유튜브를 보다가 잠에 드는 모습이 상상되었다.

그렇다면 이분을 위해서 무엇을 할 수 있을까? 아침 출근을 즐겁게 하고 점심 식사 시간에 건강을 챙긴다는 느낌이 들게 해보자는 생각이 들었다. 출근 시간에는 좋은 글귀를 보내어 긍정적 사고를 유도하고, 점심 식사 전에 회사 식단에 대한 피드백을 미리 보내 의식적으로 건강한 음식을 선택할 수 있도록 돕기로 했다.

"오늘 점심으로 청양고추 옛날 소시지전이 나오는데요! 오늘 소시지보다 김치찜에 나오는 고기, 우엉땅콩조림에 포함된 우엉, 열무된장국에 들어있는 열무를 많이 드시는 걸 추천해 드립니다. 짠 음식 많이 먹거나 국물을 다 드시면 뱃살이 더 나와요. 짠 음식

리뷰 1 　　　　　　　　　　 팔로우

운동해야겠다고 마음만 먹고 행동으로 옮기지 못 하다가 나이만 먹었네요. 이제는 더 이상 미루면 안 되겠다 싶어 퇴근길에 간판이 선명하게 보이는 바디컨설팅을 방문했습니다. 보통은 가격, 일정 상담만 할텐데, 이곳은 처음부터 다르더군요. 몇 가지 테스트 동작과 사진을 바탕으로 어떤 부분이 약하고 어떤 운동을 해야 된다는 자세한 상담이 마음에 들었습니다. 상담일에 바로 등록하고 운동을 시작했지요. 기구 사용법에 더하여 몸 어디가 아픈지 매번 체크하면서 무리하지 않고 안전한 운동을 할 수 있도록 도와주시는 점이 정말 좋았습니다. 그리고 카톡으로 일정 체크하면서 혹시나 PT 빠트리지 않게끔 하고, 식단조절에 도움되는 정보도 주시는 데, 아 정말 personal한 관리를 받는구나하며 감동을 받았습니다.

은 적게 먹고, 국물은 자제하는 식사를 해주세요!"

이 메시지를 식사 전에 보내면 고객은 식사하면서 실천할 수 있다. 자신의 건강을 미리 챙겨준다는 느낌을 받아 식사 내내 따뜻함도 느낄 수 있다.

또한 긍정적인 사고를 하기 위한 방법으로 명상이 있다. 명상은 나의 습관 중 하나인데 하루를 기분 좋게 시작하고 마무리하는 데 많은 도움이 되었다. 그래서 이 방법을 고객들한테도 적용하였다. 열심히 운동을 실시한 후 마사지 베드에 눈을 감고 누워 숨을 크게 들이쉬었다가 내쉬도록 한다. 내쉬는 호흡에 나의 모든 걱정과 스트레스를 뱉어내도록 하는 것이다. 이 과정에서 고객을 응원하고 긍정의 메시지를 전달할 수 있다.

"○○님 오늘도 정말 대단하세요. 노력과 열정에 박수를 보냅니다. 저는 항상 고객님의 힘든 순간을 응원할 겁니다. 앞으로 매일 웃고 즐거운 일만 가득할 거예요. 많이 웃어주세요. 웃는 모습이 멋있습니다. 이제부터 모든 일이 다 잘될 거예요. 이제 호흡에 집중하며, 마음속의 부정적인 생각과 스트레스를 숨을 내쉴 때 모두 뱉어내세요. 이 순간을 통해 새로운 시작을 할 거예요. 이 공간을 나가는 순간 발걸음은 가벼워질 거예요."

고객은 처음에는 어색해했지만, 며칠이 지나니 수업이 끝나면 자연스럽게 마사지 베드로 이동했다. 상담 시 가격을 안내했을 때 고객은 매우 방어적인 태도를 보였지만 10회 수업 후 "몸의 어디가 아픈지 체크해 주고 무리하지 않고 안전하게 운동할 수 있는 점이 좋았고, '아 정말 퍼스널한 관리를 받는다!'는 생각이 들어 감동했습니다."라는 피드백과 함께 바로 재결제하고는 여전히 꾸준히 다니고 있다.

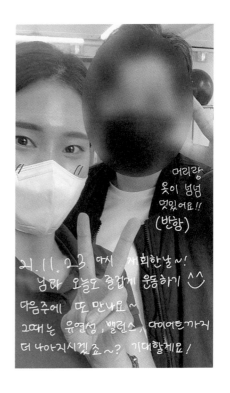

오늘날 사람들은 하루 종일 컴퓨터 앞에서 일하고 휴대폰으로 대화

한다. 이러한 생활패턴은 공허함을 부추기고 삶의 재미를 떨어트리게 만든다. 그렇다면 나의 전문성으로 고객에게 줄 수 있는 가치는 과연 무엇일까? 고객이 회사에서 제공하는 좋은 헬스 기구나 할인된 가격을 보고 왔더라도 '반드시 이곳을 다녀야 하는 이유'는 다른 사람도 아니고 바로 우리가 만드는 것이다. 고객이 '이런 트레이너는 어디서도 찾을 수 없다' '나를 이해해 주고 공감해 주는 곳은 여기밖에 없어'라는 생각을 가질 때 대체 불가능한 존재가 되는 것이다.

성공적인 데이트를 위한
배려와 조언

고객의 시간과 노력을 줄여드립니다

바디컨설턴트로 일하면서 처음으로 만난 남성 고객의 이야기이다. 20대 중반으로, 야식으로 인해 불어난 체중을 감량하기를 원했다. 평소 조용하고 과묵한 스타일이었기 때문에 사적인 대화 없이 수업만 진행하였다.

어느 날 연애에 대한 주제로 얘기하게 되었는데, 최근 여자 친구가 생겼고 놀이동산에 함께 가기로 했다고 한다. 나는 고객의 연애 소식이 기뻤고, 더불어 고객이 상대방에게 가장 멋있고 듬직한 사람으로 보여지길 바랐다. 그래서 바쁜 고객을 대신해서 놀이동산에서 진행되는 다양한 이벤트와 할인 혜택 등 사전정보를 찾아보았다. 예를 들면, 직접 줄을 서지 않고 놀이동산 앱으로 예약하여 편하게 입장하는 방법이나 놀이동산 사물함을 이용하기 위해서는 500원 동전을 미리 준비해야 한다는 사실을 귀띔했다. 또

에버랜드 가신다고 하셔서 데이트 잘했으면 하는 마음으로 여러가지 찾아봤습니다~ 도움이 됐으면 하네요!

놀이기구 탈때 기다리지 않고 에버랜드 어플 깔아서 스마트 줄서기로 미리 기구를 예약해 놓는거에요~

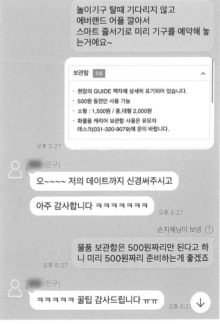

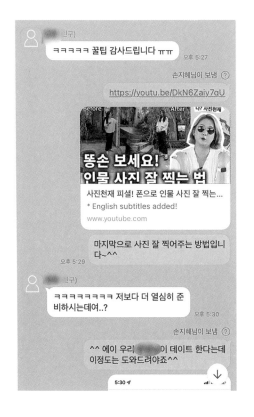

한 멋진 기념사진을 남길 수 있도록 인물사진 촬영 잘하는 방법도 알려주었다. 고객은 "저의 데이트까지 신경 써주셔서 감사합니다. 그런데 저보다 더 열심히 준비하시네요!"라며 감사 인사를 보내주었다.

보통 주변 사람들은 내가 데이트한다고 하더라도 이런 정보를 찾아보고 알려주지 않는다. 하지만 고객은 자신보다 더 열심히 데이트를 준비하는 선생님을 보며 '나를 이렇게 많이 생각해 주는 사람이구나'라는 것을 느낄 것이다. 이런 사소한 관심이 고객과 마음을 통하게 만들고 내적 친밀감을 형성한다.

그뿐만 아니라 소개팅하거나 중요한 사람에게 음식을 대접하는 자리를 가질 때도 맛집 리스트나 머리를 잘하는 미용실도 안내

할 수 있다. 실제로 고객들을 위해 한의원, 정형외과, 피부과, 두피 관리샵, 맛집, 카페, 꽃집, 데이트 장소 등을 방문해 보고 고객의 관심사와 취향을 고려해서 타이밍에 맞게 추천하거나 반대로 주의 사항을 안내하기도 했다.

이러한 추천은 고객들이 검색하고 찾아보는 시간을 절약함으로써 다른 일에 집중할 수 있게 해주고, 더 나은 선택을 통해 만족도를 높일 수 있다. 또한 해당 장소에서 방문하면서 추천해 준 사람을 자연스럽게 떠오르게 된다. 더불어 좋은 추억을 쌓을 수 있다면 감사함도 함께 느낄 것이다.

이처럼 고객의 말과 행동에 집중하며 항상 도울 수 있는 방법을 고민한다. 섬세한 배려와 노력 통해 만들어진 고객들의 특별한 순간은 나에게도 큰 의미가 있다. 고객에 대한 관심과 베풂은 일을 지속해서 할 수 있게 하는 원동력이 되기도 한다.

STEP.20

고객의 질환을 고려한
맞춤 처방

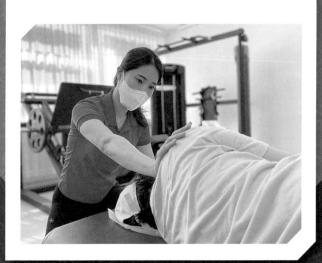

퇴사하는 동료의 고객을 인수·인계받으면서 있었던 일이다. 운동 목적이 허리 디스크로 인한 통증 개선이었지만 "고객님이 바쁘셔서 수업에 못 오고 노쇼를 한다."고 전달받았다. 이에 나는 '아주 바쁘신 분인가?'라는 생각하며 고객 정보를 자세히 살펴보았다.

보통 통증이 심하신 분들은 일상생활의 불편함 때문에 센터를 찾아오는 경우가 많다. 그렇기 때문에 수업에 참여하지 않는 것이 이해되지 않았다. 담당 선생님은 운동에 대해 뛰어난 지식과 경험을 가지고 있었기 때문에 수업의 퀄리티 때문에 수업에 빠지는 것으로 생각되지는 않았다.

인수인계 후 담당자 변경 공지와 함께 연락을 드렸다. 9월 말에 인수·인계받았으나 매주 불가피한 사유로 10월 말이 되어서야 수업을 진행할 수 있었다. 그런데 4회 정도 수업을 하고 나서 "선생님, 저 매주 꼭 나가겠습니다", "거래처 사장님이 허리 아프다고 하시는데 선생님 추천해 드렸

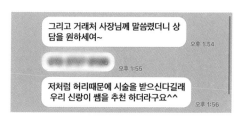

어요."라고 하셨고, 10회 하시고 나서 "남편도 같이 수업받고 싶다고 하는데 2대 1 수업으로 해도 될까요?"라고 말씀하셨다. 그러다가 "사실 그 전 선생님이랑 할 때는 설명도 어렵게 하시고 허리가 아픈데도 데드리프트를 시켜서 2주 동안 너무 아파서 누워있었어요. 선생님은 쉽게 알려주시고 무리하지 않아서 좋아요. 요즘은 아프다는 말도 안 하고 진통제도 안 먹고 있어요."

갑자기 고객의 태도가 변한 이유를 곰곰이 살펴보았다. 그중에서도 맞춤형으로 진행했던 게 큰 영향을 준 것 같다. 10회 동안 고객의 디스크가 완전히 낫지는 않았을 것이다.

나는 딱 3가지를 신경 썼다. '생활 환경 바꾸기, 심리상담, 위험한 동작 피하기' 디스크는 한순간에 폭탄처럼 터지는 것이 아니라 잘못된 자세와 생활 습관으로 우리 몸의 정렬이 어긋나기 시작하면서부터 발생한다. 그런데 1주일인 168시간 동안 딱 2시간 운동

제가 늘 감사하죠~ 두분 덕분에 제 일을 보람되게 느끼고 사람에 대한 사랑이 더욱 커져가고 있는걸요! 두분을 보면서 저의 미래를 그리고 있고요~ 그런 분들을 제가 운동시켜드리는 거에 더 감사합니더

오전 8:43

2023년 7월 5일 수요일

손지혜님이 보냄 ⑦

오전 10:54

친구)

오늘두 감사합니다 쌤~~~
몸짱 마음짱 돼서 즐건 마음으로 매장 나가영^^

쌤의 오늘두 행복데이
화이팅입니당~💕

오전 11:45

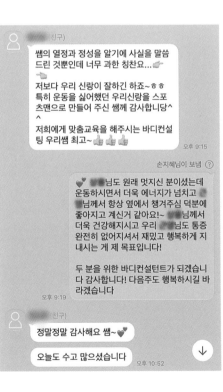

친구)

쌤의 열정과 정성을 알기에 사실을 말씀드린 것뿐인데 너무 과한 칭찬요...👉
저보다 우리 신랑이 잘하긴 하죠~ㅎㅎ
특히 운동을 싫어했던 우리신랑을 스포츠맨으로 만들어 주신 쌤께 감사합니당^^
저희에게 맞춤교육을 해주시는 바디컨설팅 우리쌤 최고~👍👍👍

오후 9:15

손지혜님이 보냄 ⑦

💕 ■■님도 원래 멋지신 분이셨는데 운동하시면서 더욱 에너지가 넘치고 ■님께서 항상 옆에서 챙겨주심 덕분에 좋아지고 계신거 같아요!~ ■■님께서 더욱 건강해지시고 우리 ■■님도 통증 완전히 없어지셔서 재밌고 행복하게 지내시는 게 제 목표입니다!

두 분을 위한 바디컨설턴트가 되겠습니다 감사합니다! 다음주도 행복하시길 바라겠습니다

오후 9:19

친구)

정말정말 감사해요 쌤~💕

오늘도 수고 많으셨습니다

오후 10:52

한다고 해서 마법처럼 좋아지는 건 어려운 법이다. 그래서 일어나서 잘 때까지 생활 패턴을 분석하여 나쁜 습관을 찾아내는 것을 먼저 시작했다.

첫 번째는 생활환경을 개선했다. 많은 사람이 불편한 신발을 신고 활동하면 다리가 아프거나 허리가 아팠던 경험을 가지고 있다. 그 고객도 평소에 쿠션이 없는 슬리퍼나 굽이 높은 신발을 신었다. 그래서 편한 신발을 신도록 권해드리고, 주말에도 연락을 드려 외출 전 운동화 같은 신발을 신는 습관을 기르도록 하였다. 그다음으로는 취침 시 어떤 자세로 누워있는지 체크하고 베개를 이용해서 허리 부담이 덜 가게 눕는 방법을 알려드렸다. 하루에 6시간 이상 누워서 취침하기 때문에 수면 자세 개선이 필요했다. 또 무거운 물건을 절대 들지 않도록 하였으며, 매일 아침과 저녁으로 해줘야 할 스트레칭과 셀프 마사지를 알려줌으로써 생활 패턴을 개선하였다.

두 번째는 심리상담을 진행하였다. 최근에는 통증을 겪고 계시는 분들이 많이 찾아오신다. 몇몇 분들은 운동을 통해 개선의 의지가 있지만, 일부는 병원에서 진단받고 상실감으로 의욕이 없다. 그래서 통증의 메커니즘을 설명하고 운동을 통해서 나아질 수 있다

숙대입구 2번출구에 있는 바디컨설팅을 찾은 것은 저의 신랑덕분입니다^^
교통사고로 인해 허리통증이 악화되어 협착증과 뿌리신경 장애로 22년 12월에 수술을 하려다가 우선 재활PT를 선택했어요^^
첨엔 이게 정말 효과가 있으려나 싶구 혼자 다니기 싫어서 그만두려는 찰나 신랑이"요즘 아프다는 말이 줄었고 약도 별로 안먹는다?"는 말~
생각해보니 하루 한두번 먹던 진통제를 안먹고 있더라구요 😊
지금은 정형외과는 안 다니구요~
주 1회정도 침만 맞아요...침 치료도 1년쯤 했는데 효과 모름...👉👈
제겐 의사쌤 못지않은 PT쌤을 만나 제 몸을 많이 알게 되었구요~
자세교정과 근육을 키우는 운동으로 통증이 많이 사라졌어요^^
게다가 이젠 신랑하고 같이 하는 부부 클리닉(?)으로 늦사랑을 꽃피움중입니당~😊~ㅋㅋㅋ

는 가능성을 강조하고 격려했다. 통증은 스트레스와 불안을 야기할 수 있기 때문에 고객이 심리적으로 매우 불안정한 상태임을 인지하고 보다 섬세하게 대했다. 또한 운동하면서 통증이 다시 발생해도 절대 포기하지 말고 알려준 방법으로 운동을 꼭 기억해달라고 강조했다.

　　마지막으로 운동 시에 절대해서는 안 되는 동작은 피하도록 했다. 예를 들어 디스크가 있으면 상체를 구부리는 동작이나 누운 상태에서 다리를 높이 들어 올리는 동작 등이다. 또 근력이 부족한 상태여서 무게를 많이 드는 동작은 피하고, 무릎 관절염이 있으면 스쿼트 자세나 런지 동작을 피했고, 몸 상태에 따라 가동 범위를 많이 줄인 상태에서 진행하여 관절에 부담을 줄이는 방식으로 진행하였다. 그렇게 운동에 대한 거부감을 줄이고 지속적인 운동을 통해 통증 완화의 길을 찾았다.

2대 1수업 성공 비법 :
자신감 업, 소외감 다운

앞에서 이야기한 사례의 고객이 최근 나에게 이렇게 이야기했다 "선생님이 진심으로 저를 걱정하고 생각해 주시는 게 느껴져요. 그래서 우리 남편이 평소에 운동을 전혀 안 하는 사람이었지만 선생님과 운동을 시작한 이후로 집에 폼롤러와 덤벨도 구입하고 수영도 신청해서 하고 있어요. 더 놀라운 것은 수영 수업에서는 남편이 제일 에이스에요."

원래 남편분은 콜레스테롤 수치가 높고 뇌혈관이 막혀있어 뇌경색 위험이 존재하는 상황이었다. 처음에는 함께 수업을 진행하지 않았지만 고객의 수업이 끝날 때마다 매주 마중 나오셨고 그때마다 반갑게 인사드렸다. 그러면서 함께 수업하게 되면 얻는 이점에 대해 매주 말씀드렸다. 내가 매주 웃는 얼굴로 인사드리니 거절하지 못하시고, 결국 두 분이 함께 수업을 진행하게 되었다.

2 대 1 수업에서 가장 중요한 것은 보통 운동 목적이 다르기 때문에 함께할 수 있는 운동을 신중하게 선택하고 수업에 집중할 수 있도록 신경 써야 한다는 점이다. 또 두 사람 모두 소외감을 느끼지 않도록 주의해야 하며 상호 비교로 인해 자신감이 떨어지지 않도록 해야 한다. 더불어 유쾌하고 재미있는 운동 분위기를 조성하는 것도 중요하다.

같은 동작을 실시하지만 힘이 더 강한 사람은 난이도를 높여서 진행하고, 설명과 동작을 온몸으로 크게 보여주고 설명을 짧게 해서 지루해지지 않도록 했다. 이 동작이 실생활에 어떻게 도움이 되는지 설명했다.

"이 동작은 무거운 택배 박스를 들 때 팔이나 허리가 아프지 않은 동작입니다."

"지하철 계단 올라갈 때 허

벅지가 아프지 않고 체력이 좋아지는 동작입니다."

"길을 걷다가 위험한 상황이 발생해서 피하거나 멈춰야 할 때 도움이 됩니다."

이렇게 이야기하면 운동에 더욱 집중하는 모습을 보였다.

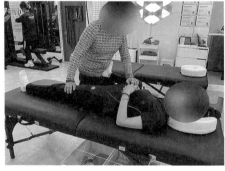

운동하다 보면 동작을 잘하는 사람, 못하는 사람이 있게 마련이다. 이럴 때는 동일한 횟수와 시간으로 체크하면서, 미리 "지혜 님께서 동작이 잘 안되니 잘하실 수 있게 제가 지혜 님의 자세를 좀 더 봐 드릴게요."라고 동의를 구하고 지도했다. 동작을 못 하는 고객은 사소한 부분이라도 충분히 칭찬하며 자신감을 높였다.

결과적으로 남편분은 누구보다 적극적이고 열심히 참여하시며 운동에 대한 필요성을 느끼고 있었다. 운동을 시작한 지 3개월이

젊고 이뻐지고 싶어서 얼굴 성형을 하듯 요즘은 제 몸을 성
중입니다^^
나만 이뻐지고 건강해지면 신랑한테 미안한데 함께 운동할
수 있도록 이끌어주신 코치님 정말 감사해요^^
울신랑이 근육부자면서 운동은 무지 싫어하구 귀찮아 하는
데 코치님의 자세한 설명과 다정하심으로 울신랑 정말 열심
히에요^^
심장 스탠드와 뇌경색으로 운동이 필수인데 그동안 몸을 방
치했었거든요.....먹는걸 즐기는 편이라 콜레스테롤이 150
가까이...ㅠㅠ
하지만 요즘은 걱정없어요~
100이하가 지극히 정상인데 지난달 서울대 담당 교수님이
1/3토막이라며 수치42로 정상인보다 훨씬 좋대요^^
그러니 잠시만 하려했던 운동이 이젠 필수가 되었네요^^
늘 가족들을 위해 달리기만 했던 우리~
이젠 몸의 성형으로 건강한 삶을 스타트💕

지난 후 대학병원에서 다시 콜레스테롤 수치 검사를 다시 진행하
였는데, 결과는 매우 놀라웠다. 운동 전에는 LDL 콜레스테롤 수치
가 140mg/dl로 약간 높았지만, 운동 후에는 40mg/dl, 즉 3분의 1
로 떨어졌다. 의사 선생님께서도 매우 놀라셨다고 한다. 운동, 식단,
영양제 섭취의 삼박자가 잘 맞아서 이룩된 결과였다. 가족들과 주
변 사람들도 남편분의 변화에 외적으로도 너무 멋있어진 것 같다
며 부러워한다고 감사하다고 하셨다.

뇌수술 후 우울증 운동으로 극복하기

60대 여성 고객이 걸음이 좀 불편하시다며 "운동하고 싶어요."하고 말씀하시면서 저희한테 연락을 주셨다. 그녀는 1년 전에 뇌 수술을 받으셨는데, 그 이후로 오른쪽 다리와 팔을 잘 움직이지 못했다고 하셨다. 그래서 어떤 방식으로 운동을 가르칠 수 있을지 계속해서 고민하였다.

동료들과 함께 머리를 맞대어 문제를 해결하려고 노력했다. 완벽한 운동 동작을 강요하기보다는 움직이는 것에 목표를 설정했다. 그리고 안전하게 운동할 수 있도록 밴드를 사용하거나 앉았다 일어서는 스쿼트부터 시작했다. 이런 방식으로 조금씩 건강이 개선되고 있었다.

어느 날, 그녀가 고개를 숙이며 눈물을 흘리기 시작했다. 나는 당황해서 휴지를 건네주고, 눕혀서 심호흡을 시키고 화장실로 안내해 주었다. 심리 상태가 불안정해서 어떤 방법으로도 해결되지 않을 것 같았다. 이어지는 수업에서도 해결책을 찾지 못하고 시간만 흘렀다. 그러다 동료들이 무슨 일이 있었는지 물어보면, 고객의 심리 상태가 불안정한 것이 원인이라고 설명하면서 수업에 문제가 있는 것이 아니라고 둘러대기 바빴다. 그때까지만 해도 내가 개선할 수 있는 부분은 아니라고 생각하며 시간을 보냈다.

그러나 생각을 바꾸는 일이 발생했다. 코로나19 팬데믹으로 인한 정부 정책으로 강제로 센터 문을 닫게 되자, 한 바디컨설턴트가 운동할 수 없게 된 고객들에게 모바일로 무료 피티를 제공했다는 이야기를 들었다. 그리고 한 고객이 몸이 많이 불편했는데 이렇게까지 신경써주신 것에 감사하다며 긴 장문의 편지를 써주었다고 한다. 이 사례를 통해 고객이 나에게 진심으로 원하는 것이 무엇인지 생각하게 되었고, 이후로는 고객을 핑계로 삼지 않았다. 대신, 우울증에 빠진 고객이나 몸이 불편한 고객을 어떻게 기분 좋게 만들 수 있을까에 대해 고민했다.

그런데 생각보다 할 수 있는 일이 제한적이어서 고민하다가 흥미와 재미를 이끌어낼 수 있는 독특한 운동 프로그램을 만들기로 했다.

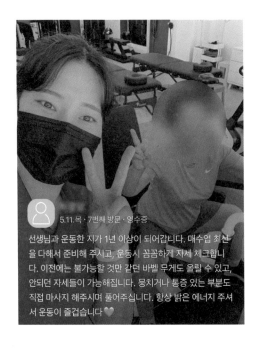

5.11.목 · 7번째 방문 · 영수증

선생님과 운동한 지가 1년 이상이 되어갑니다. 매수업 최선을 다해서 준비해 주시고, 운동시 꼼꼼하게 자세 체크합니다. 이전에는 불가능할 것만 같던 바벨 무게도 올릴 수 있고, 안되던 자세들이 가능해집니다. 뭉치거나 통증 있는 부분도 직접 마사지 해주시며 풀어주십니다. 항상 밝은 에너지 주셔서 운동이 즐겁습니다 🖤

60대 고객님께 "예쁜 몸매를 원하십니까?"라는 말로 시작하면서, 에너지 넘치는 에어로빅 동작을 보여주거나 어린 시절 추억의 트램펄린처럼 보수볼 위에 올라가 중심 잡기 게임을 진행했다. 이를 통해 유쾌하게 운동할 수 있다는 것을 느끼게 해드렸다. 그리고 "오늘은 초등학교 운동회 때 하던 줄다리기를 재현해보겠습니다. 저희가 청팀이고, 이 기구는 우리의 상대인 백팀입니다. 그립을 잡고 뒤로 당기다가 풀면 되는데, 제가 '청팀 이겨라!'를 외치며 동작을 보여드리겠습니다. 오늘 한번 열심히 청팀을 승리로 이끌어봅시다."라고 말하며, 케이블에서 로프 그립을 당기고 푸는 동작을 보여주었습니다. 이렇게 수업 때마다 그녀가 운동에 대한 부담감은 줄이고 좋아하는 운동을 발견할 수 있게 도와주었다.

수업이 진행될 때마다 그녀의 자신감이 점점 붙어가는 것을 느껐다. 그리고 고객의 나이대가 엄마 뻘이라, 만약 내가 딸이라면 무엇을 해줄 수 있을지 고민했다. 그러다가 날씨가 좋은 날에는 수업이 끝나고 나서 주변에 있는 아름다운 산책로를 함께 거닐면 얼마나 좋을까하는 생각을 하게 되었다. 이러한 생각은 그녀의 기분을 좋게 해주고, 행복한 감정을 느끼게 해드리고 싶었던 나의 소망에서 비롯된 것이었다. 그래서 하늘이 맑은 날 "오늘 저랑 근처 공원을 걷는 건 어떠세요? 딸처럼 손을 잡고 걸어요. 제가 하루만큼이라도 딸이 되어 드리고 싶어요."라고 말했다. 그 제안을 듣고 잠시 고민하시다가 웃으며 동의하셨다.

우리는 함께 걸으면서 일상의 소소한 이야기를 나누었다. 그리고 공원 벤치에 앉아서 그녀의 손도 주물러드렸다. "이렇게 좋은 날에 함께 사진을 찍을까요?"라고 제안하며 귀여운 필터 기능이 있는 카메라로 셀카도 찍었다. 처음에는 나 혼자 말을 많이 했지만 그녀도 말문을 열었고 그 순간 자체로 행복했다. 공원의 바람 소리와

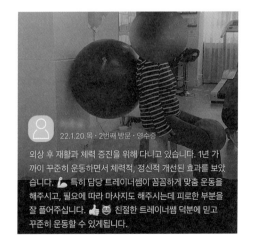

22.1.20.목 · 2번째 방문 · 영수증

외상 후 재활과 체력 증진을 위해 다니고 있습니다. 1년 가까이 꾸준히 운동하면서 체력적, 정신적 개선된 효과를 보았습니다. 💪 특히 담당 트레이너쌤이 꼼꼼하게 맞춤 운동을 해주시고, 필요에 따라 마사지도 해주시는데 피로한 부분을 잘 풀어주십니다. 👍😊 친절한 트레이너쌤 덕분에 믿고 꾸준히 운동할 수 있게됩니다.

아이들이 떠드는 소리를 들으며 함께 보내는 시간은 무척 행복했다. 그 순간에는 나의 어머니라고 생각하며 그저 따뜻하게 대해드렸고 그 경험은 내게 많은 것을 가르쳐 주었다. 이 경험은 고객의 건강과 행복에 대해 재고하는 중요한 발판이 되었으며 그 과정을 통해 나는 더욱 성숙한 사람이 될 수 있었다.

그녀의 상태가 점차 개선됨에 따라 더 나아지게 하고 싶다는 의지가 생겼고 자녀가 걱정하던 부분을 확인하기 위해 상담 일지를 다시 한번 살펴보았다. "우리 어머니가 잘 따라하실 수 있을까요? 위험한 동작으로 다치실까봐 걱정이에요"라고 적혀져있는 것을 보았다. 그래서 어떻게 하면 이 부분을 해소해드릴 수 있을까 고민하다가 그녀가 수업 시간에 열심히 운동하는 모습을 사진으로 담기 시작했다.

처음에는 다른 선생님께 부탁해 수업하는 장면을 촬영했다. 그녀의 운동 자세를 교정하면서 수업에 열중하는 모습을 촬영했다. 그리고 레그프레스처럼 어려운 운동이나 한 발로 균형을 잡는 운동 모습을 촬영해서 그녀의 운동 능력이 점점 향상되고 있다는 것을 보여주었다. 그녀가 레그프레스를 하는 모습을 본 따님은 놀라면서 "오! 엄마가 레그프레스도 하시는군요! 엄마가 선생님께서

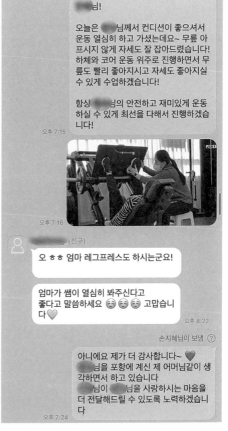

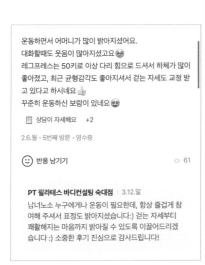

운동하면서 어머니가 많이 밝아지셨어요.
대화할때도 웃음이 많아지고요 😊
레그프레스는 50키로 이상 다리 힘으로 드셔서 하체가 많이
좋아졌고, 최근 균형감각도 좋아지셔서 걷는 자세도 교정 받
고 있다고 하시네요 👍
꾸준히 운동하신 보람이 있네요 😊

🗨 상담이 자세해요   +2

2.6.월 · 5번째 방문 · 영수증

☺ 반응 남기기   👁 61

PT 필라테스 바디컨설팅 숙대점   3.12.일
남녀노소 누구에게나 운동이 필요한데, 항상 즐겁게 참
여해 주셔서 표정도 밝아지셨어요:) 걷는 자세부터
쾌활해지는 마음까지 밝아질 수 있도록 이끌어드리겠
습니다 :) 소중한 후기 진심으로 감사드립니다!

열심히 봐주신다고 좋다고 말씀하세요. 고맙습니다. 운동하면서
어머니가 많이 밝아지셨어요. 대화할 때도 웃음이 많아지셨고요.
선생님을 만난 것이 정말 행운이었습니다. 덕분에 이번에도 30회
더 다닐 것 같습니다." 라고 이야기해 주었다.

PT 필라테스 바디컨설팅 숙대점 >

필라테스　서울특별시 용산구 갈월동

지금까지 1년 넘게 꾸준하게 운동한건 처음이에요.
장기간 운동할 수 있도록 지도해주신 덕분에
건강뿐만 아니라 정신 건강도 좋아졌어요!
처음에는 시도조차 못 했던 운동 동작들도 가능해졌고, 운동
이 재밌어요 :)

💙 친절해요　+2

그녀는 나의 개인적인 성장을 도와준 소중한 분이다. 처음에는 그녀가 겪고 있는 어려움을 완전히 이해하지 못하고 탓한 적도 있었다. 그러나 한계를 직시하고 인정하는 중요한 과정이었다. 이 과정을 통해 큰 성장을 이루고 주변 사람들의 조언을 구하면서 더욱 깊게 생각하게 되었다. 덕분에 고객의 상태를 더욱 깊이 이해하고 맞춤형 서비스를 제공해야 한다는 중요성을 깨닫게 되었다. 그뿐만 아니라, 고객이 안전하게 운동하는 모습을 사진으로 기록하고 이를 고객과 그들의 자녀에게 전달하며 고객과의 신뢰 관계를 구축하는 방법도 체득하게 되었다.

이러한 노력이 나 자신과 고객, 그리고 자녀에게 긍정적인 변화를 불러왔다는 것을 느낄 수 있었다. 특이한 케이스의 고객과 유대감을 형성하는 것은 쉽지 않은 일이었지만, 그 과정에서 많은 것을

배웠다. 그 결과 고객들과 내적 친밀감을 형성하는 방법을 알게 되었고 그들의 필요와 요구에 더욱 세세하게 대응할 수 있게 되었다. 결국 트레이너는 운동 지도뿐만 아니라 고객 만족을 위한 서비스 제공에도 중점을 두어야 함을 알게 되었다.

STEP.23

성공적인 다이어트의 비결

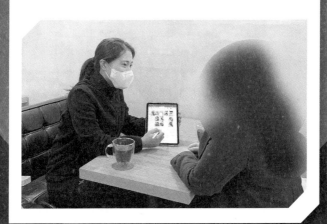

다 이어트의 성공은 단순히 식단 관리나 운동 루틴보다 더 복잡한 요소를 포함한다. 특히, 트레이너가 고객에게 얼마나 관심을 가지고 있는지, 그들의 개인적인 목표와 필요성을 이해하려고 노력하는지가 중요하다. 그래서 트레이너는 고객의 식습관를 분석하고 이해해야 한다. 여기에는 고객이 선호하는 음식, 그들이 먹는 빈도, 식사 시간 등도 포함된다.

시험을 준비하던 다이어트 고객이 "선생님, 꼭 식단 따라야 해요? 좋아하는 거 먹으면서 다이어트하고 싶어요."라며 스트레스를 호소했다. 그녀의 피곤한 얼굴과 우울한 기색이 눈에 띄었다. 순간 지금이 그녀의 상태를 전환시킬 타이밍이라고 생각했다. 그래서 이 고민을 심도있게 다뤄야 한다는 생각이 들었고 "30분 정도 시간 괜찮아요? 카페에 가서 맛있는 거 사드릴게요. 같이 이야기하면서 식단에 대해서 얘기해 보는 건 어때요?" 라고 제안했다.

그녀를 전환시킬 순간이라고 생각하는 이유는 여러 가지가 있다. 모든 사람이 다이어트를 할 때에는 항상 의욕이 떨어져서 포기하고 싶은 순간이 반드시 온다. 그런 순간에 고객들이 "도와주세요!"라고 말을 하진 않지만 다양하게 도움을 요청한다. 우리는 이러한 순간들을 절대로 놓쳐서는 안 되며, 고객이 무엇에 대해 깊이 생각하고 있는지 파악하기 위해 가능한 모든 방법을 동원해야 한다.

우리는 고객의 식사 습관에 대해 자세히 살펴보고, 문제가 무엇인지 분석해야 한다. 또한 고객의 주변 환경에 방해가 되는 요소가

있었는지, 혹은 고객이 어떤 어려움을 겪고 있는지에 대해서도 깊게 이야기를 나눠야 한다. 이러한 대화를 통해 고객이 직면한 문제를 정확히 이해하고, 그에 맞는 솔루션을 제시할 수 있다.

하지만 만약 우리가 단순히 "치팅데이를 해보는 것은 어떨까? 치팅데이를 한 후에 다시 이야기해보자."라고 말한다면 정말로 문제를 해결할 수 있을까? 감정을 고려하지 않은 이런 접근법은 오히려 반복적인 식단 실패로 이어질 수 있다.

실제로 고객과 깊이 있는 대화를 나누니 그녀가 매 식사 때마다 무엇을 먹을지에 대한 고민이 가장 큰 스트레스 요인이라고 말했다. 배가 고픈 순간에 자극적인 음식을 먹고 싶지만 그럴 수 없어서 힘들다고 했다. 그녀의 상황을 이해하면서 여러 가지 생각이 머릿속을 스쳤다. '비슷한 고민을 가진 사례가 있었을까? 이 문제를 어떻게 해결하면 좋을까? 그녀가 먹고 싶어하는 음식은 무엇일까?' 생기는 모든 의문에 대해 물어봤다. 그리고 아침부터 저녁까지의 일상 패턴과 그 시간 동안 생각나는 음식을 자세히 설명해달라고 요청했다. 그러자 바로 "아침에는 빵을, 점심에는 간단한 면 요리를, 저녁에는 고기를 먹고 싶어요."라고 답했다. 이미 마음속에 먹고 싶은 음식이 이미 명확하게 존재하고 있었다.

그래서 먹고 싶은 메뉴를 바탕으로 대체할 수 있는 방향으로 바꿔봤다. 예를 들면, 아침에는 설탕이 많이 들어간 빵 대신 단백질이 많고 영양 가치가 높은 단백질 빵이나 통밀빵을 권했고, 점심에는 튀기지 않은 라면이나 두부면, 메밀면 요리를 추천했다. 또, 저녁에는 지방이 많은 삼겹살이나 항정살 대신 돼지고기 앞/뒷다릿살과 쌈을 같이 먹을 것을 권했다. 그리고 고객이 직접 사서 먹을 수 있는지, 요리를 할 수 있는지 등을 확인했다. 그녀와 적극적인 소통을 통해서 해결책을 제공하자 이전에 느꼈던 스트레스가 크게 줄어들었고 다시 운동에 대한 열정도 생기기 시작했다.

위 경험을 통해 고객들에게 제시했던 해결책을 되돌아보았다. 초반에 다이어트를 원하는 고객이 살이 빠지지 않을 때 "맛있는 것을 많이 먹어서 살이 빠지지 않는 거에요."라고 말한 것이 떠올랐다. 고객의 생긱과 상황을 고려하지 못한 조언으로 고객과의 관계가 점차 멀어진 적이 있다. 그리고 열심히 준비해서 피드백을 해드린 적도 있지만 고객은 무반응이거나 부정적인 태도를 보인 적도 있다. 이는 고객과 함께 고민하지 않고 혼자서 생각한 해결책이었기때문이다. 그래서 고객이 열심히 따르지 않는 것을 비난하기보다는 소통하고 리드하지 못했다는 것을 반성했다. 이제는 고객에게 정확한 영양 정보를 제공하는 것 뿐만 아니라 그 정보를 어떻게 감정적으로 기분 나쁘지 않게 전달할 수 있을지 연구한다.

STEP.24

한번 고객은 평생 고객

평생 고객을 유지하기 위해서 필요한 고객과의 소통의 중요성에 대해 이야기하고 싶다. 허리 협착 수술을 앞둔 여성 고객이 두 달간 담당 트레이너가 두 번이나 바뀌면서 불만을 표현했다. 그 고객을 내가 맡게 되면서 수업에 대한 부담감이 있었지만 성장할 수 있는 기회라고 생각하고, 수업이 끝나면서 운동 프로그램과 건강 정보를 공유하며 만족도 향상을 위해 노력했다. 다행히 남은 10회 수업을 무사히 마쳤고, 수술 전 근력 및 체력 향상도 이루어졌다. 수업이 종료된 이후에도 주기적으로 건강 정보를 보내고, 수술 후 회복 상황과 어려운 점을 듣고 위로와 응원을 전했다.

예를 들어, 그녀에게 "회복이 시간이 걸릴 수 있으니 너무 서두르지 마시고, 차분하게 기다리는 것이 좋습니다. 수술 후에도 긍정적인 마음가짐을 유지하는 것이 중요해요. '이번 위기도 잘 극복해보자. 그동안 잘해왔잖아.' 이런 식으로 생각하면 마음이 편해질 거에요! 분명히 좋아지실 거에요!"라고 말하며 고객이 긍정적인 생각을 가질 수 있도록 유도했다.

그렇게 2개월이 지난 시점에 그녀가 자신의 친척에게 바디컨설팅을 소개해줬다고 연락이 왔다. 이런 경험으로 '한번 고객은 평생 고객'이라는 철학이 실현된 것을 느꼈다. 이러한 소개를 통해 온 고객에게도 최선을 다했고, 매주 3회씩 운동하며 70회 피티를 받았다.

이렇게 소개를 통해 상담이 점점 늘어났다. 남자 친구를 체형교정 목적으로 소개해주거나 남편의 목 디스크를 걱정하는 고객이 남편의 통증 개선을 위해 피티를 권유했다. 시간이 지날수록 기존 고객들과 소개 고객이 많아져 상담을 받지 못하는 상황도 발생했다.

고객들이 나를 소개해 주는 것에 행복했고, 감사했다. 고객들이 나를 대신하여 무료로 마케팅을 해주는 것 같아 더욱 감사했다. 그래서 고객을 만족시키는 것이 최고의 영업이자 광고라는 생각이 들었다. 트레이너라면 누구나 별도의 마케팅 없이도 상담이 잘 이루어지고 장기 고객이 많이 생기길 바랄 것이다. 이를 현실로 만들

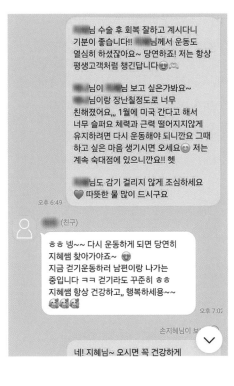

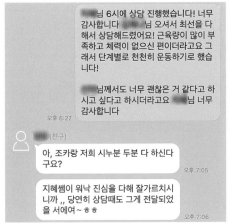

기는 어렵지만, 고객의 상황을 이해하고 도움을 주는 마음만 있다
면 가능하다.

우리가 종사하는 이 직업에는 큰 이점이 있다. 사람들은 평생
건강관리가 필요하므로, 우리의 도움이 필요하다. 그만큼 우리의

역할이 큰 의미를 가진다. 그래서 10회 수업하는 고객이든 100회 수업하는 고객이든 항상 같은 마음과 자세로 대해야 한다. 피티는 사람들이 자주 받는 서비스가 아니므로, 피티를 받을 경우 주변 사람들에게 자랑하고 싶을 수 있다. 그래서 수업을 잘하고, 고객에게 관심을 가져주면 주변에 소개할 가능성이 크게 늘어난다. 이러한 선순환을 생각하고 행동하면 수업 태도가 완전히 변할 것이다.

단기간의 수업만으로는 40~50년 동안 유지해야 할 체력을 만들기는 어렵다. 그래서 수업이 종료된 후에도 고객들이 스스로 운동을 계속하려는 생각을 가질 수 있도록 지원해야 한다. 이 동기 부여를 할 수 있는 사람이 바로 우리다. 운동을 가르치는 사람이기 때문에, 우리의 말과 행동은 상당한 영향력을 가진다. 이제부터라도 수업이 끝나더라도 고객들에게 운동 관련 정보를 제공하며 진정한 관심을 가져보는 건 어떨까?

보통 트레이너들은 수업할 때만 연락하다가 수업이 끝나면 연락이 없다. '나에게 돈을 안 냈으니 도와줄 의무가 없어.'라는 생각을 할 수 있다. 하지만 고객이 문을 나갈 때도 우리의 관심은 계속되어야 한다. 그렇지 않으면 고객의 머릿속에서 우리는 사라질 것이다. 고객과의 관계가 금전적 거래라고 생각하는 순간, 그 관계는 끝난다. 한 달에 한 빈은 고객을 떠올리며 '어떤 정보를 보내면 고객이 건강을 챙기는 데 도움이 될까?'라고 생각해 보면 좋을 것이다. 상담 일지나 수업 때 말했던 내용을 다시 찾아보며 차근차근 구체화해보는 것이 좋다.

STEP.25

차별화된 나만의 새해 인사

설날이나 추석이 되면 평소에 연락하지 않았던 사람들과 연락하여 안부를 묻거나 감사 인사를 드리기도 한다. 이 전통은 오래전 이어져 왔으며, 조선시대에도 백성들이 새해를 맞이하면서 지난해의 일을 서로 위로하고 새로운 해에 잘 되기를 기원하며 덕담을 나누었다고 한다. 역시 매년 새해가 되면 고객들의 안녕을 기원하며 인사를 전한다.

연락을 드리는 방법은 다양하지만, 절대 다른 사람들처럼 텍스트로만 인사를 보내지 않는다. 나만의 독특함과 차별성을 살릴 수 있는 카드에 기발한 아이디어의 사진과 진정성 있는 문구를 넣는다. 이러한 방법은 그동안 고객의 반응을 토대로 발전시켜 온 노하우이다. 일을 시작한 지 몇개월 안 되었을 무렵 텍스트로 연락을 드린 적이 있는데, 한 분이 "선생님, 저한테는 이런 문자 안 주셔도 됩니다."라며 단호하게 연락을 끊었다. 고객이 감동하지 못했기 때문에 스팸 문자로 전락한 것이다. '아 뭐지, 답장해야 하나? 문자 돌려서 보냈네.'라는 생각을 들게 하면 오히려 안 하는 것이 낫다는 것을 깨달았다.

요즘에는 디자인 플랫폼이 많아서 다양한 템플릿을 무료로 다운받을 수 있다. 그리고 텍스트까지 넣을 수 있어서 카드 뉴스, 포

스터 등 만들 때도 활용도가 높다. 계묘년에 맞게 주황색 배경화면에 귀여운 검은 토끼가 당근을 들고 있는 템플릿을 선택했다. 한국화가 그려진 고급스러운 템플릿도 있지만 오히려 귀여운 느낌의 템플릿은 대부분 사람이 좋아하기 때문이다.

또 새해 인사를 읽는 고객분의 시간을 소중하게 생각해야 한다. 그러기 위해서 "내가 하고 싶어 하는 말보다, 상대방이 듣고 싶어 하는 말을 해라."는 말처럼 고객을 위한 진정성 있는 문구를 쓰기 위해 하루 종일 고민했다. 기본적으로 지난해에 대한 감사 및 위로와 이번 해의 기원 및 소망을 담는다. 고객에 대해 감사함뿐만 아니라 나의 열정 넘치는 수업 태도 및 꾸준한 성장에 대한 기대감도 포함한다. 마지막으로 문자 돌림이라고 느껴지지 않게 한 분 한 분 고객의 이름을 넣어서 이 메시지가 당신만을 위해서 작성되었음을 강조했다. 나아가 SNS 앱을 활용해 나를 닮은 캐릭터를 만들어서 새해 인사를 드릴 수 있다. 우리 센터의 유니폼과 비슷한 파란색 칼라티와 검은색 바지를 입히고 기쁘게 웃으며 'Happy New Year' 카드를 들고 있는 모습으로 만들었다. 이러한 방법은 오랜 기간 보지 못한 분들에게도 나의 모습을 다시 인지시키는 데 유용하다.

이렇게 고객들에게 연락했을 때 기억에 남은 반응이 있다. '이렇게 신경 써서 예쁘게 보내주신 새해 인사는 선생님이 유일무이하네요!', '선생님의 사진이 귀여운 토끼 커플을 완벽하게 제압했어요. 우와 신기하고 재밌어요. 정성이 깃든 카드 감사합니다!'

연락을 보내면 답장이 오는 경우도 있고 오지 않는 경우도 있다. 가장 좋은 것은 고객들과 지속해서 연락되어서 답장이 오고 서로의 안부를 묻는 것이다. 연락이 오지 않는 경우라도 실망하지 말고 꾸준하게 보내야 한다. 만약 받기를 희망하지 않는 사람이면 '이제 안 보내주셔도 됩니다.'라고 답글을 보내거나 대화방을 나갈 것이다.

다른 지점에 있는 동료가 "고객들이 귀찮아하시거나 싫어하시면 어떡하죠? 그런 생각이 들어서 보내기가 어려워요."라고 걱정

님! 새해 인사를 드리려고 연락했습니다 🙇🏻

23년 7월 █님을 만나 함께 운동하고 대화하면서 좋은 추억들이 많이 쌓인 거 같아요! 퀘스트 이야기, 빽다방 이야기, 디즈니랜드 이야기까지 이런 저런 이야기로 재미있게 해주셨고요, 심지어 서명란에 다양한 화풍으로 예술 작품을 만들어주신 덕분에 고객님이지만 친한 분과 즐겁게 수업하는 느낌이었어요~ 가끔씩 혼자 생각하며 웃을 때도 있네요 😂

그리고 매주 1~2시간 알차게 운동하면서 █님의 등과 어깨가 펴지고, 통증도 싹 사라지셔서 너무 다행이라고 생각하고 있어요! 특히 숙대입구역에서 지상까지 올라가도 지치지 않는다고 하셨을 때, 진심으로 제몸처럼 기뻤답니다 👍

오랜만에 하시는 운동이시고 직장다니시면서 하시는 운동이 쉽지 않으셨을텐데 5개월 동안 열심히 따라와주셔서 정말 감사합니다! 컨디션 5 미만일 때도 나오셔서 "나오기로 했으면 나와야죠" 라고 말씀하시는 모습은 정말로 인상적이었습니다! 제가 열심히 수업할 수 있었던 원동력 중 하나가 바로 █님이셨답니다! 😊

23년 █님을 만나 함께 운동하고 대화하면서 좋은 추억들이 많이 쌓인 거 같아요! 덕분에 고객님이지만 친한 분과 즐겁게 수업하는 느낌이었어요~

그리고 매주 1~2시간 알차게 운동하면서 █님의 등과 어깨가 펴지고, 몸의 라인이 점점 건강해지고 있어서 정말로 기쁘답니다! 생활체력이 늘었다고 하셨을 때, 계단 오르는게 쉬워졌다고 하셨을 때 진심으로 제몸처럼 기뻤답니다 😊 24년에는 더욱 빵빵한 몸과 탄탄한 등을 만들어보시죠!

23년 █님을 만나 진심으로 행복했고 24년에도 더 건강하게 해드리기 위해서 더 좋은 운동 프로그램과 열정적인 자세로 보답하겠습니다! 24년에도 더 건강하고 즐거운 한 해 되시길 바라며, 앞으로 더 소중한 사람들과 좋은 일만 가득하시길 바랍니다! 🙇🏻

오후 07:36

우왕~감사합니다 선생님~!! 처음 운동을 배워보는데 선생님을 만나게되어 감사하다는 생각을 합니다 .. █의지박약인 저를 멱살 잡고 끌고 가주셔서 감사해요.. 선생님 덕분에 덜 팔랑거리는 것 같아요 ^^♭ 선생님도 2024년도에도 건강하고 행복한일만 가득하시기를 바라겠습니다 ^^👍

오후 08:14

하는 분이 있어서 고객들의 반응을 보여드렸더니 "괜히 혼자 스팸 문자 같다고 생각한 거 같다."고 했다. 그러면서 "선생님! 세 달 만에 연락을 드렸는데 '선생님! 감사합니다. 보고 싶어요.'라고 생각지도 못한 답변이 왔어요. 심지어 운동하고 싶다고 하셔서 새로운 결제가 생길 수도 있을 거 같아요. 연락만으로 수업으로 이어질 수 있다는 게 신기하네요! 거의 감사하다는 말뿐이에요. 제가 쓸데없는 걱정을 한 거 같아요."라며 함박웃음을 지었다.

가정의 달 기념
풍선 이벤트

5월은 가정의 달이다. '이번에는 고객들이 즐겁게 수업할 수 있는 특별한 이벤트로 뭐가 좋을까?' 하고 생각하며 열심히 머리를 굴리기 시작했다. 어린이날과 어버이날을 기념하는 날이지만 개인적인 사정으로 가족을 못 만나는 분이나 바쁜 일상으로 시간이 없는 분도 있을 수 있기 때문이다. 그래서 가정의 달의 분위기를 충분히 만끽하게 해드리고 싶었다.

어버이날을 대표하는 감사의 표시인 카네이션을 다른 방법으로 선보이기로 했다. 어릴 적 행사장에서 요술 풍선으로 만든 강아지나 칼 모양의 풍선을 가지고 재밌게 놀았던 경험이 있을 것이다. 그렇게 요술 풍선으로 꽃을 만들어 드리면 어렸을 적 추억도 생각나고 연령대와 상관없이 모두 만족할 수 있을 거라는 생각이 들었다. 문제는 재료를 사기 위해서 다이소에 가야 하는데, 발목을 다쳐 깁스하는 상황이라 움직이는 것이 쉽지 않았다. 심지어 가까운 다이소에는 풍선이 없어서 여의도점까지 이동해야 하는 불편함이 있었다. 하지만 풍선 카네이션을 받고 좋아할 고객분의 표정을 생각하니 멈출 수가 없었다.

처음에는 풍선이 터질까 봐 공기를 넣는 것도 무서웠고 몇 번이나 풍선이 터져서 다시 만들어야 했다. 풍선 꼭지를 잘 묶지 않아 공기가 빠지는 바람에 몇 시간 만에 크기가 줄어들기도 하였다. 그래서 여러 방법을 시도한 끝에 노하우가 생겼고, 마침내 첫 번째 카네이션이 탄생했다. 그리고 색의 조합까지 고민해 가면서 만들기 시작했고 마치 더 집중하면 할수록 시간 가는 줄 모르고 에너지가 생기는 느낌이었다. 다른 트레이너가 담당하는 고객의 카네이션까지 만들어 주고 싶다는 생각에 신나는 마음으로 다른 트레이너에게도 물어봤지만 부담스러워하며 거절했다. 아쉽지만 생각은 사람마다 다르기 때문에 이해하고 넘

오전 11:51

옴마나!!

생각도 못했는데 넘 감동이에요~ 오후 4:39

늘 열심히 챙겨주심에 건강을 얻어 넘넘 넘 감사한데 제가 선물을 받다니... 오후 4:40

감동받아 행복이 오래갈듯여~ㅎ

담주에 뵙겠습니당^^ 오후 4:41

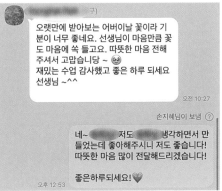

어갔다. 이벤트를 직접 기획하고 준비한 사람은 기대감과 정성이 들어가기 때문에 고객에게 전달할 때 말과 행동에서 진정성이 느껴진다.

수업 전에 미리 준비해 놓고 수업이 끝날 때쯤 서프라이즈처럼 선물했다. "어버이날 기념으로 드립니다! 그동안 가족 챙기시느라 스스로는 많이 못 챙기셨을 텐데 나를 더 돌보면서 매일 즐겁게 보내셨으면 좋겠습니다."라는 멘트와 함께 풍선을 선물했다. 풍선을 받은 고객들은 침실에 예쁘게 장식해 놓거나 거실 벽에 붙여 놓고 사진을 찍어 보내주었다. 풍선을 받은 고객들의 표정을 아직도 잊을 수가 없다. 고객들의 행복한 표정을 보면 나의 가치가 느껴지고 마음이 따뜻해지는 느낌을 받는다.

아마 내가 이 일을 계속하게 된다면 고객들의 표정과 감사의 말이 나의 평생 동기부여가 될 것이라 생각한다.

20대 여성 고객에게는 "어렸을 때 이런 풍선 가지고 많이 가지고 놀아보셨죠? 일하느라 바쁜 일상을 보내는 분들께 동심을 찾아드리기 위해 준비했습니다. 오늘은 이 풍선과 함께 즐거운 하루 보내셨으면 좋겠습니다"라고 하며 선물했다. "정말 오랜만이네요. 옛날에 풍선으로 강아지 만들면서 놀았는데, 선생님은 이런 것도 할 줄 아세요? 만능인 거 같아요."라며 즐거워하며 수업을 즐겁게 마무리하였다.

자신이 잘하는 분야와 전공을 살려서 고객을 만족시킬 수도 있지만 해보지 않은 분야를 배워서 고객을 위해 이벤트를 열면 고객은 트레이너의 정성과 진정성에 감동할 것이다.

STEP.27

고객의 니즈에 집중 :
결혼식을 위한 다이어트

결혼을 앞두고 5개월 전에 바디컨설팅을 찾은 고객의 이야기이다. 고객은 15kg의 체중 감량을 희망하였으며, 운동 경험이 거의 없는 상태였다. 고객은 결혼식을 앞두고 2달 후에 웨딩드레스 투어가 예정되어 있어서 한 달 안에 5kg 정도의 체중 감량을 기대하였다.

"저만 믿고 따라와 주시면 반드시 감량시켜 드릴 수 있습니다!"라고 고객에게 이야기하자 20회를 바로 결제했다. 고객의 절실함에 체중을 빼주겠다고 말했지만 사실 스스로 15kg을 빼 본 경험은 있어도 고객의 체중을 감량시킨 적은 없기 때문에 걱정이 가득했다. 빠른 체중 감량은 건강에 위험을 초래할 수 있어서 고객의 건강을 해치면서까지 하고 싶지는 않았다. 그래도 약속한 것이니 가장 건강하면서 빠르게 뺄 수 있는 방법을 열심히 연구하였고, 고객의 생활 패턴과 스타일에 맞게 시도하기로 결정했다.

빠른 체중 감량을 위해 운동과 식단을 모두 병행했고, 함께 정한 것 외에는 아무것도 섭취하지 않았다. 음식을 섭취해야 할 경우에는 먼저 물어본 후 섭취했으며 외식하는 경우에는 메뉴를 함께 정했다.

"선생님, 저 밥 먹을 때 계란 1개 더 추가해도 될까요?"

"말씀해 주신 대로 순두부찌개에 두부와 야채를 많이 넣어서 먹었습니다."

"저 밖에서 약속이 있는데 메뉴를 정해주시겠어요?"

수업 외에 집에서 해야 할 운동 프로그램도 구성하여 매일 운동을 진행했고, 10월 말부터 12월 말까지 5kg을 감량하였다. 지금처럼 하면 15kg은 금방 뺄 수 있겠다는 자신감이 생겼다.

하지만 그 이후로 정체기가 왔고 노력한 만큼 살이 빠지지 않자, 의지와 동기가 점점 떨어지면서 수업의 집중력도 떨어지기 시작했다. "선생님, 저 살이 이제 안 빠져요 열심히 한 만큼 결과도 안 나오고 못 하겠어요"라며 포기하고 싶다고 했다. 나는 20분 동안 고객을 설득했다.

"다이어트를 처음 시작할 때는 몸이 움직이지 않다가 움직이기 시작하면서 체중이 빠르게 줄어들어요. 마치 겨울잠 자던 동물이 움직이면서 활동량이 많아지고 에너지 소모가 많아지는 건데요! 그런데 동물도 계속 움직이다 보면 에너지 소모가 너무 많아져서 며칠간 쉬기도 합니다. 쉬어간다고 생각하면서 식단 구성도 바꿔 보고 운동 루틴도 바꿔볼게요. 제가 수시로 연락드리면서 동기 부여해드릴 테니 저만 믿고 따라오세요. 만약 체중이 더 이상 감소하지 않는다면, 제가 100% 환불해 드릴게요. 평생 한 번뿐인 결혼식을 위해 차근차근해 보시죠!"

시간은 쏜살같이 지나갔고 3월 말까지 12kg 체중을 감량에 성공했다. 5개월의 시간이 어떻게 지나갔는지 모를 만큼 열정으로 불태웠다. 고객도 15kg 감량까지는 아니지만 웨딩드레스를 입었을 때 충분히 예쁘다며 매우 만족해했다. 청첩장을 받았을 때 스튜디오에서 찍은 사진을 보면서 그동안 고객분이 기울인 노력에 감동이 밀려왔다. 그리고 그 고객은 자필로 감사의 편지까지 써 보내주었다.

결혼식 당일 고객분의 노력에 보답하듯이 신부 대기실에서 나가지 않고 옆에 함께 있었고 도움이 필요하다 싶으면 재빠르게 움직였다. 지인들이 들어와서 왜 이렇게 예뻐졌냐며 얘기할 때 고객

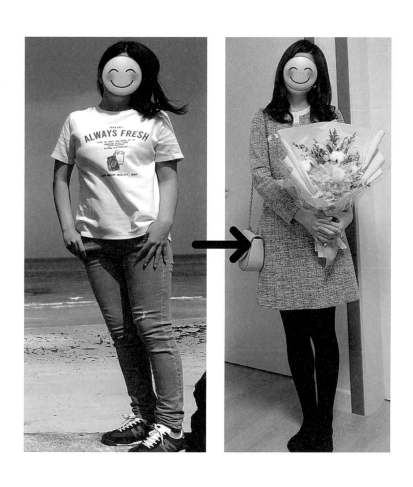

의 자신감 넘치는 표정이 아직도 생생하게 떠오른다. 신부 입장 때
는 우리 고객이 가장 아름다워 보이고 영원히 행복했으면 하는 마
음이 간절했다. 결혼식이 끝나자 지친 기색이 느껴져 물을 가져다
드리자 다른 사람들이 동생인지 헷갈릴 정도였다고 한다. 그날을

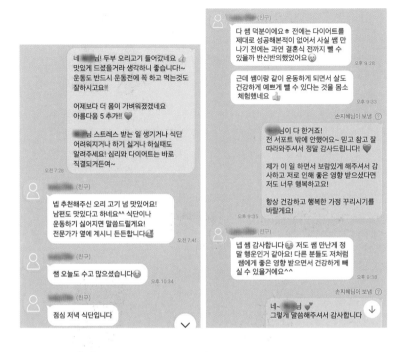

돌이켜 보면 하객이 아니라 일일 매니저라고 생각하면서 행동했던 거 같다. 그렇게 많은 사람의 축복 속에 결혼식이 끝났다.

이날은 나에게 많은 생각을 들게 한 날이다. 내가 사람의 인생에서 단 한 번뿐인 순간을 가장 행복하게 만들어 주었기 때문이다. 과연 지금까지 다른 사람을 위해 이렇게 몰입하고 희생하며 보람까지 느낀 적이 있었나? 마음속에 가득 채워진 이 감정은 무엇일까? 부모가 자식에게 조건 없이 베푼다는 게 이런 감정인 걸까?

지금까지 함께한 고객들 모두 나에게 모두 특별하고 소중하지만, 특히 나에게 기억에 남는다. 수업하는 6개월 동안 설득하고 동기부여 하는 과정에서 고객과 돈독한 신뢰 관계를 쌓았고 내적 친밀감마저 생겼기 때문이다. 결혼식 이후에도 요요 방지를 위해 20회를 더 진행하며 건강한 몸매를 유지했다. 이후 경기도로 이사 갔지만 지금까지도 연락하며 종종 안부를 묻고 있다.

결혼을 준비하는 고객과 이렇게 끈끈한 관계가 될 수 있었던 이유는 예비 신부의 상황과 감정에 대해 깊게 이해한 덕분이다. 요즘에는 결혼식을 준비하기 위해서는 크게 스튜디오, 메이크업, 웨딩홀부터 작게는 피부관리부터 다이어트까지 알아보고 결정해야 할 것만 50가지나 넘는다고 한다. 특히 결혼식은 많은 사람들의 주목을 받는 자리이고 사진과 영상이 많이 찍히는 자리이기 때문에 남녀노소 모두 아름다운 외모를 가꾸기 위해 많은 돈과 시간을 들인다.

To 지혜쌤

안녕하세요, 쌤! 오늘이 벌써 마지막

수업이네요 ㅠㅠ '마지막'이라는 단어를 쓰면 안될거 같은

거분이 드는 건 제 욕심일까요? 흐흐

처음 운동을 시작했을 때 제 삶에 이렇게 큰 변화가 생길 줄 몰랐어요.

단순히 다이어트를 목적으로 시작한 운동이었는데 생활 패턴이 달라지고

마음가짐도 바뀌었어요. 예전에는 걷는 것을 정말 싫어하던 저였는데 이제는

웬만한 거리는 걸어 다니는 제 모습이 낯설 때도 있지만 대견스럽기도 하네요 :)

초반에는 체중 감량이 생각했던 것 만큼 되지 않아 좌절도 (:)하고

'내가 과연 살을 뺄 수 있을까?' 하는 의구심도 들었어요. 하지만

시간이 지나면서 달라진 저의 모습을 보며 자신감이 생기고 성취감도 느껴서

정말 좋았어요! 중요한 사실은 제가 혼자서 다이어트를 했다면 이렇게

해낼 수 없었을 거라는 거예요! 그동안 정말 감사했습니다 ^^ 진심으로

애써주신 덕분에 건강한 다이어트를 할 수 있었어요. 그리고 힘들 때

좋은 얘기를 많이 해주시고 진심을 담아 위로해주셔서 많은 힘이 되었어요.

스승과 제자의 인연으로 시작했지만 쌤과의 인연은 계속 되었으면 좋겠네요.

비록 오늘이 마지막 수업이지만 쌤과 운동하고 싶을 때면 언제든지 돌아가도

반갑게 맞아 주실 거죠? ^^ 그럼 마지막 수업도 잘 부탁드려요 ♥

항상 건강하시고 행복하세요. :')

2022. 6. 23

From ▨▨▨

예비 신부의 경우 일반적으로 다이어트하러 온 고객이라고 생각하면 어느 정도 감량을 할 수 있겠지만 위기가 닥쳤을 때 금방 무너지게 된다.

그래서 다이어트만큼은 나에게 믿고 맡길 수 있도록 고민거리를 덜어줘야 한다. 고객이 직접 무엇을 먹고 언제 운동할지 등을 생각하도록 하는 것은 책임을 다하지 않은 것이다. 고객은 고민하지 않기 위해서 전문가에게 돈을 내고 투자한 것이다. 그에 맞춰 열정과 끈기로 고객에게 봉사하여야 한다.

STEP.28

꽃 선물로 고객 감동 실천

하늘이 높고 따사로운 햇볕에 산들바람까지 날씨가 매우 좋은 날이었다. 최근에 나는 꽃에 흥미가 생겨 꽃을 자주 구매했다. 꽃의 화사함과 향기는 아침을 기분 좋게 시작할 수 있게 해주었고, 고객들에게 긍정적인 에너지를 전달하는 데 도움이 된다. 수업 후에 나이가 비슷한 다른 고객과 함께 대화를 나누는 중에 꽃에 대한 이야기가 나왔다. 그 고객 역시 꽃을 좋아한다고 했기에 꽃을 사러 함께 가면 즐거울 거 같다는 생각이 들어서 제안했다. 고객은 기쁜 마음으로 동의해 주었다. 그렇게 함께 꽃집에 가서 각자 마음에 드는 꽃을 구매하였고, 집에 돌아와 예쁘게 꽃꽂이한 사진을 공유하며 행복함을 느꼈다.

그러다가 다른 고객들에게 깜짝 이벤트로 꽃을 선물해 주고 싶다는 생각이 들었다. 한 송이의 꽃에 안개꽃을 덧붙여서 예쁘게 꾸며 선물한다면 소소하지만 부담스럽지 않고 기분이 좋을 것 같았

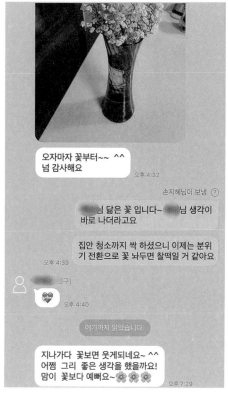

다. 각각의 고객이 선호하는 옷 색상이나 피부색을 고려하며 꽃을
선택하였다. 꽃 선물은 다양한 의미를 가지고 있겠지만, 나는 꽃을
통해 내가 가지고 있는 내면의 긍정적인 감정들을 고객들에게 전
하고 싶었다. 꽃 선물은 졸업식이나 결혼식 이외에는 자주 받을 수
없는 특별한 경험이기 때문에, 운동 후 선물하는 것이 더욱 감동적

일 것이라고 생각했다.

수업을 마친 후 고객들 모두 꽃을 받는 순간 나의 예상처럼 크게 미소 지으며 웃으셨다.

"얼마 만에 꽃을 받아보는 거예요?"

"선생님 마음씨가 너무 좋은 거 같아요."

"하루를 잘 마무리할 수 있게 해주셔서 감사합니다."

고객들이 기쁨과 감동을 하는 것을 볼 때 너무나도 만족스럽다. 비록 작은 이벤트지만 나와 고객들에게 긍정적인 영향을 주고 고객의 하루를 더욱 특별하게 만들어준 것 같았다. 고객들에게 작은 행복을 전달할 수 있는 기회에 감사하며, 앞으로도 고객들을 위해 더 많은 이벤트와 즐거운 경험을 제공할 것이라 다짐한다.

STEP.29

친목을 강화하자 :
고객의 연극, 전시회 관람

연극을 전공하는 고객의 이야기이다. 수업할 때는 조용하고 차분한 한 고객이 어느 날 나에게 연극 공연장에 보러 올 수 있는지 조심스럽게 물어보았다. 의외의 직업에 놀랐지만 감사하며 흔쾌히 가겠다고 이야기했다. 그리고 이 고객과 평소 일면식이 있던 다른 고객도 함께 가도 되는지 물어보았다. 오랜만에 대학로 극장에 가는 거라 설레기도 하고 어떤 주제를 가진 연극인지 궁금해지기도 했다. 연극에 가기 전에 축하 선물로 꽃도 구매했다.

그렇게 대학로의 허수아비 소극장에서 연극이 시작되었다. 〈엄마 놀이〉라는 창작극으로, 가족 간 사랑이 결핍되면 아이가 부모가 되는 과정에서도 사랑의 결핍이 반복된다는 내용의 이야기였다. 고객은 작가이자 연출가, 그리고 배우로서 장면마다 세트장과 의상을 바꿔가며 1시간 내내 연기에 혼을 담았다. 세트장부터 대사까지 신경 쓰고 노력한 부분이 보여서 한순간도 놓치지 않고 눈에 담으려고 애썼다. 출연진이 모르는 사람이 아니라 동생처럼 아끼고 좋아했던 분이라 말과 행동 하나하나에 집중하게 되었다. 그렇게 1시간이 훌쩍 지나고 창작극이 막을 내린 후 대기실에서 축하 인사를 나누고 헤어졌다.

돌아온 후에 연극 보는 동안 감명 깊었던 장면이나 대사를 메모장에 적어놓았다. 왜냐하면 연극은 하나의 예술작품이면서 모든 부분에 작가의 의도가 담겨 있기 때문에 다시 물어보면서 고객의

삶과 생각을 이해하고 싶었기 때문이다. 정리한 내용을 물어봤을 때 "오! 선생님 그 내용까지 기억하고 계셨어요?"라고 놀라면서 열심히 설명해 주었다. 그 이후로 그 고객과 더욱 친밀하게 되어 아침 타바타 운동에 매주 참석했고, 저녁 운동으로 산책도 함께하곤 했다. 점점 고객의 관심사와 하는 일, 평소 움직임의 패턴을 알게 되면서 수업이나 SNS로 연락할 때 어떤 말을 해야 하고 운동을 진행할지 답을 찾게 되었다.

이러한 경험은 또 있었다. 숙명여자대학교에서 한국화 전공 석사과정을 하는 고객이 졸업작품 전시회에 초대해 주었다. 그림에 대해서 잘은 모르지만 수업이 없는 시간대에 전시장으로 바로 달려갔다. 하필 그 시간대에 고객은 외부 스케줄이 있어 전시장에 없어서 아쉬웠지만 혼자서 조용히 그림들을 감상했다. 건물의 한쪽 외벽이 무너져있는 모습, 폐차된 자동차가 겹겹이 쌓여있는 모습, 폐허 속에 있는 동물의 그림 등 과거와 현재의 만남과 생명력을 강조한 작품들이었다.

이번에도 역시 인상 깊었던 그림에서 느낀 점과 궁금한 점을 메모장에 적어 와서 수업 때 물어보았다. 그 결과 그림을 그렸던 고객의 의도뿐만 아니라 평소 왜 허리가 아팠고 무릎이 불편했는지

책상위에 드라이 플라워 핑크 올려놨어
요! 카드도요 🤍

오후 12:28

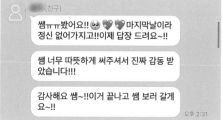

(친구)

쌤ㅠㅠ봤어요!! 👀 🖤 🖤 마지막날이라
정신 없어가지고!!이제 답장 드려요~!!

쌤 너무 따뜻하게 써주셔서 진짜 감동 받
았습니다!!!

감사해요 쌤~!!이거 끝나고 쌤 보러 갈게
요~!!

오후 2:31

도 알게 되었다. 2m가 넘어가는 크기의 그림들을 그리기 위해서
는 쪼그려 앉거나 한 자세로 계속 버티며 그려야 하기 때문이었다.
그래서 고객에게 맞는 운동에 대해서 더 고민하고 연구하여, 그 결
과 통증도 점차 개선되기 시작했다. 그리고 그 고객은 남산 산책과
러닝, 아침 타바타 운동, 미술 전시회 함께 가기 등 다양한 활동에
참여했고, 2년 동안 나와 함께 운동하고 있다. 그리고 유명한 전시
회가 있으면 함께 그림을 보러 가는 사이가 되었다.

행동심리학에서 사람에게 호감을 주는 방법 중 첫 번째가 '진

정한 관심'이다. 상대방이 하는 말에 호감을 갖고 경청하고 질문하면서 적극적인 관심을 보이는 것이다. 특히 입사한 지 얼마 되지 않은 트레이너들이 상담하러 온 고객들과의 면담에서 가장 놓치는 부분 중의 하나이다. "저는 5kg 감량하고 싶어요", "근력 향상 하고 싶어요."라는 말에 "네 알겠습니다."로 끝내버린다. 이럴 때는 대답하고 바로 다른 주제로 넘어가지 말고 더 심화해서 질문을 던져보자. "5kg을 감량하고 싶다고 하셨는데, 특별한 계기가 있어서 빼려고 하시는 건가요?" "다이어트 성공 경험은 있으신가요?" "다이어트할 때 어떤 부분이 가장 어려우셨나요?" 마치 내가 고객들에게 연극과 미술에 대한 내용을 자세하게 물어봤던 것처럼 진심으로 고객에게 관심을 가져야 한다.

연극과 그림을 감상하면서 느낀 점이 두 가지가 있다. 먼저 고객의 연기와 그림에 감동하였다.

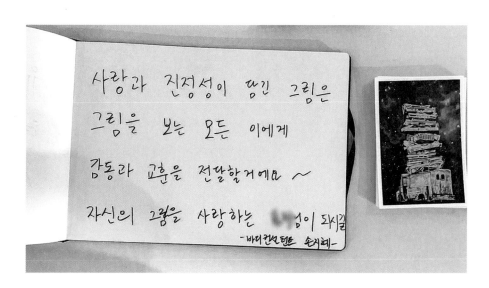

힘든 상황에서도 무릎과 허리의 통증을 견디면서 애쓴 그들의 노력과 열정이 성과물로 이어졌다는 것이 특히 인상적이었다. 그리고 나 자신이 하는 일에 대한 사명감과 책임감을 더욱 느꼈다. 나의 포지션은 그들이 목표를 이룰 수 있도록 옆에서 건강을 챙기고 지원하는 역할이기 때문에 고객이 성공을 이루는 데 기여하고 싶다는 강한 욕구가 생겼다.

그뿐만 아니라 왜 운동 연구를 열심히 해야 하는지, 왜 나의 서비스가 더 좋아져야 하는지, 그리고 왜 더 나은 사람이 되어야 하는지에 대한 이유를 찾게 되었다. 먼저 고객의 건강을 유지·증진

할 수 있다면 통증 걱정 없이 일과 가정에 더 집중할 수 있다. 그리고 매너 있고 친절한 말투와 행동으로 좋은 서비스를 제공하면 고객은 기분이 좋아지고 그날 하루를 행복하게 보낼 수 있다. 마지막으로 내가 경험과 지식이 많고 열정이 있다면 궁금하거나 필요한 정보가 있을 때 도움을 줄 수 있을 것이다. 이러한 이유는 내가 열정을 가지고 노력하는 데 동기부여가 되었다.

STEP.30

헬스장의 향기로운 변화

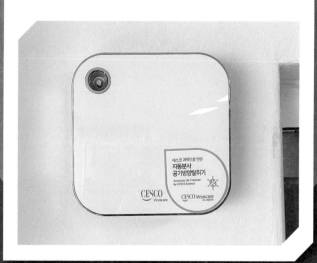

중　중년의 여성 고객분께서 이런 이야기를 한 적이 있다.
"어떤 헬스장에서는 땀 냄새도 많이 나고 습한 느낌이 있어서 운동하러 가기 싫었거든요. 그런데 여기는 상쾌한 거 같아서 좋아요."

"저는 호흡기가 좋지 않은데 헬스장 가면 꼭 기침을 많이 하고 매캐한 냄새가 많이 나더라고요. 그래서 바로 환불했어요."

우리 몸의 촉각, 후각은 기분에 영향을 미친다. 바람이 선선하게 불어서 시원한 느낌을 받는다거나, 꽃에 코를 가까이 대면 상쾌한 기분이 든다. 향수 매장에

들어갔을 때 좋은 향기가 나면 구매 욕구가 생기고, 옷 가게에서 들어갔을 때 쾌적한 느낌이 들면 천천히 구경하면서 즐겁게 쇼핑하게 된다. 이처럼 운동하는 시설에서는 고객이 땀을 흘린 상태로 눕거나 앉고, 땀이 난 손으로 물건을 만지기 때문에 수시로 청소하고 닦고 환기하여 고객이 즐겁게 운동할 수 있도록 해야 한다.

예를 들어, 센터 내에서 에어컨을 상시 틀어놓거나 세스코 방향제를 사용하고, 동료들은 운동 후 샤워하거나 바디 물티슈로 땀 냄새를 제거하고 발냄새 제거 패드를 사용하여 쾌적한 상태를 매일 유지한다. 굳이 우리까지 깨끗하고 청결해야 하는지 물어본 동료가 있었다. 하지만 깨끗한 사람과 그렇지 않은 사람, 외모가 준수한 사람과 그렇지 않은 사람 중에서 어떤 사람과 함께 시간을 보내고 싶은지 물어보면 답은 바로 나온다.

더 나아가 고객들에게 운동 후 상쾌한 기분을 느끼게 하기 위해서 휴대용 방향제를 추천했다. '야돔'은 공부하는 수험생이나 운전자들이 스트레스를 받거나 졸릴 때 코가 뻥 뚫리는 느낌이 들어서 즐겨 사용하는 제품이다. 우리는 운동 전, 후에 집중력을 높이고 빠른 회복을 위해서 사용해 왔다. 가격도 개당 천 원 정도로 저렴한 제품이지만 효과가 좋았다. 고객들도 이 제품을 운동하면서 힘들거나 지칠 때 사용하면 상쾌한 느낌을 받고 운동에 더 집중할 수 있겠다는 아이디어가 떠올랐다.

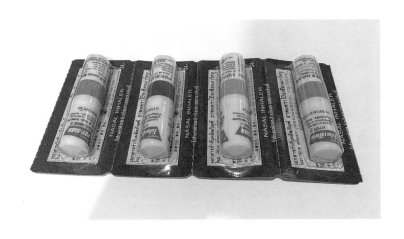

그래서 수업 전 고객에게 주면서 "운동하면 힘들고 지친 기분이 드는데, 이걸 운동 전·후로 사용하면 집중력도 생기고 상쾌한 느낌이 들 거예요. 또 후각은 기억과도 관련이 있어요. 운동할 때 좋은 향기를 맡으면 뇌가 기억해서 운동을 긍정적인 경험으로 만들 수 있어요. 그럼 운동하러 오실 때 야돔을 챙겨와서 운동하기 전에 한 번 사용하고 마지막 세트 이후에 완전히 지쳤을 때 사용하세요." 처음에 고객들은 의아해했지만 "선생님 말씀대로 덜 힘든

거 같아요!" "기분이 좋아졌어요"라고 피드백을 해주었다.

외모로 고객을 만족시키는 것은 한계가 있지만 좋은 향기로 기분 좋은 느낌을 주어 마음을 얻는 것은 누구나 할 수 있다. 사소한 배려가 고객을 감동하게 하고 그것이 지속해서 쌓이게 되면 어느 순간부터 고객은 나에게 마음의 문을 열 것이다.

STEP.31

추운 겨울
쌓인 눈을 치우는 성의

겨울철 가장 운동하기 싫은 날 중 하나는 날씨가 안 좋을 때다. 특히 기온이 영하로 떨어지거나 눈이 오는 날에는 수업 취소도 많아진다. 고객 중에서 피티를 좋아하고 취미로 생각하는 분들이 거의 없기 때문이다.

고객들이 겨울에 오기 싫은 이유를 구체적으로 생각해 보자. 겨울에는 몸의 온도를 유지하기 위해서 더 많은 에너지가 소비되기 때문에 퇴근하면 일단 활동량을 최소화하려고 한다. 또 눈이 오면 지면이 미끄러워지거나 걷기가 불편해지는 안전상의 문제도 있다. 그럼 어떻게 하면 수업 오고 싶은 마음이 들도록 만들까?

일단 센터 내 실내 온도를 따뜻하게 유지함으로써 고객들이 들어왔을 때 편안함을 느낄 수 있도록 한다. 그리고 겨울철에는 따뜻한 실내 운동이 더 안전하고 효과적이라는 것을 고객들에게 강조해야 한다. 따뜻한 온도에서는 몸이 열을 유지할 필요가 없어져 에너지 소비가 감소하고 결과적으로 운동에 더 많은 에너지를 사용할 수 있게 된다. 또 따뜻한 물에 들어가면 혈관이 확장되어 혈액순환이 잘된다. 그러면 근육에 산소와 영양분이 효과적으로 공급되어 운동수행 능력이 훨씬 향상된다. 이러한 정보들을 알고 있는 고객과 그렇지 않은 고객은 차이를 보인다. 이 메커니즘에 대한 설명을 분들은 고객은 좋은 환경에서 운동하고 있다고 생각하면서 수업 시간 내내 활기찬 모습을 보였고, 그렇지 않은 고객은 피로감을 느끼거나 대체로 의욕이 없는 모습이었다.

그다음으로 눈이 오는 날이면

동료들과 함께 센터 입구에 눈을 쓸어 길을 깨끗하게 만들었다. 그 결과 숙대입구역에서 센터까지 이어지는 길과 횡단보도에서 우리 센터까지 이어지는 길 약 20미터가 깨끗해졌다.

깨끗하게 눈이 치워져 있는 길거리를 촬영해서 '오늘 눈이 와서 춥고 위험할까 봐 운동 계획을 미루셨다면 걱정하지 마세요! 저희가 안전하게 쓸어두었습니다'라는 멘트와 함께 보냈다. 이러한 작은 관심과 노력은 고객들에게 감동을 줄 수 있으며, 눈을 핑계로 노쇼하려는 고객이라고 하더라도 '와 우리 선생님 진짜 대단하다'라고 생각할 것이다. 고객들의 반응도 대체로 좋았으며 "아 선생님 정말 핑계를 댈 수 없게 하시네요. 박차고 나가보겠습니다." "아침부터 고생하셨겠어요. 안 갈려고 했는데 그 마음 접어두고 갈게요." 라고 답이 왔다.

아침 일찍 눈을 치우는 곳은 많지 않다. 대체로 자신의 매장 앞이라도 치우는 사람이 있으면 다행이다. 그것도 대표도 아닌 직원이 자발적으로 청소를 하는 광경은 거의 찾아볼 수 없다. 그 덕에 고객들은 우리가 좀 더 일찍 나가서 눈을 치우는 것만 봐도 부지런하고 열심히 일하는 사람으로 생각한다. 또한 운동만 잘 가르치는 사람이 아니라 부지런하고 고객을 위해 최선을 다하는 이미지로 만들 수 있다. 이렇게 고객들에게 작은 감동을 준다면 겨울철에도 고객 수를 꾸준히 이어 나가는 데 도움이 될 것이다.

추위를 날려버릴
핫팩 활용법

추운 겨울에 따뜻한 핫팩은 얼어붙은 몸을 녹여주고 마음을 훈훈하게 해주는 효과가 있다. 손 안에 들어오는 작은 핫팩 하나로도 추위를 느끼지 않을 만큼 충분한 온기를 얻기도 한다. 이렇게 핫팩은 사막의 오아시스처럼 소중한 도구이다.

내가 추위에 벌벌 떨고 있을 때, 누가 나를 위해 핫팩을 챙겨준다면 어떨까? 운동 후 고객들이 땀을 흘린 상태로 돌아가다 보면 체온이 빠르게 떨어지는데 그때 핫팩이 제 역할을 한다. 트레이너의 따뜻한 마음까지 잘 전달될 것이다.

고객들에게 따뜻한 핫팩을 선물하는 방법에 대해 고민하던 중, 단순히 인사말만 하면서 드리는 것보다 더 기발하고 재미있는 방식으로 드리면 인상적일 것이라는 생각이 떠올라, 뽑기 이벤트를 계획했다. 강아지들이 냄새 훈련하는 봉제 장난감 인형 중에서 우리 센터에서는 꼬꼬댁 인형을 이용하기로 했다. 이 인형은 닭이 알을 품는 모습으로 디자인되어 있어 핫팩을 넣는 데 적합했다.

운동 의지를 살리는 멘트

당일 이벤트를 하기 전에 미리 고객의 운동 의지를 높이는 사진과 멘트도 같이 보냈다. '아시아 여성 최초 김영미 대장 무지원 단독 남극점 완주 성공'이라는 기사와 함께 "중년 여성분이 영하 40

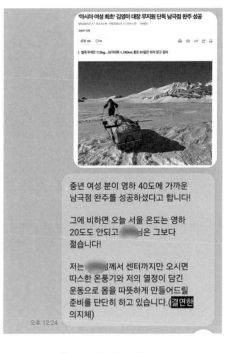

도에 가까운 남극점 완주에 성공하셨다고 합니다! 그에 비하면 오늘 서울 온도는 영하 20도도 안 되고 ○○님은 그보다 젊습니다! 저는 ○○님께서 센터까지만 오시면 따스한 온풍기와 저의 열정이 담긴 운동으로 ○○님의 몸을 따뜻하게 만들어드릴 준비를 단단히 하고 있습니다. (결연한 의지체)." "그리고 운동 마친 후, 돌아가실 때는 운동 후 잔열, 꼬꼬가 품어놓은 따뜻한 핫팩으로 ○○님의 귀가까지 책임질 예정입니다. 혹시라도 날씨를 핑계로 또는 저를 쉬게 해주시겠다는 따스한 마음으로 노쇼를 잠시나마 고민하셨다면

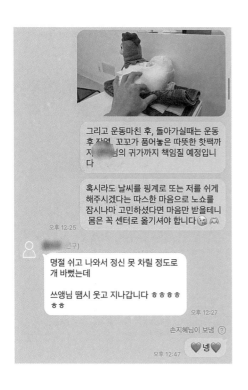

그리고 운동마친 후, 돌아가실때는 운동 후 잔열. 꼬꼬가 품어놓은 따뜻한 핫팩까지, ███님의 귀가까지 책임질 예정입니다

혹시라도 날씨를 핑계로 또는 저를 쉬게 해주시겠다는 따스한 마음으로 노쇼를 잠시나마 고민하셨다면 마음만 받을테니 몸은 꼭 센터로 옮기셔야 합니다😷🙏

오후 12:25

███(1구)

명절 쉬고 나와서 정신 못 차릴 정도로 개 바빴는데

쓰앵님 땜시 웃고 지나갑니다 ㅎㅎㅎㅎ ㅎㅎ

오후 12:27

손지혜님이 보냄 ❓

🖤넹🖤

오후 12:47

마음만 받을 테니 몸은 꼭 센터로 옮기셔야 합니다."

고객들의 반응도 매우 좋았다.

"꼬꼬 익는 거 아니에요?"

"정신 못 차릴 정도로 바빴는데 선생님 덕분에 웃고 지나갑니다."

"영하 40도에도 노쇼하지 않고 가겠습니다."

"어우 대단하시네요! 저녁에 힘내서 갈게요."

"오늘 날씨가 추워서 살짝 고민 했는데 말도 못 꺼내겠군요."

고객들은 이벤트를 귀엽게 느끼고 재밌어하면서 운동에 대한 의지를 보여주었다. 이 계기로 센터가 고객들을 얼마나 신경 쓰는 지 알게 되면서 고객들과 관계가 더욱 깊어졌다.

STEP.33

당근 마켓을 활용한 홍보

최근 피트니스 시장이 급속도로 성장하면서 많은 사람들이 트레이너라는 직업에 도전하고 있지만 상대적으로 포기하는 사례도 많다. 그 이유는 초보 트레이너들은 자격증은 가지고 있지만 현장에서의 경험이 부족하고, 반면에 충분한 경험을 가진 트레이너들은 고객을 만족시키지 못하기 때문이다.

이론적인 지식과 운동 경험만으로 고객을 가르치는 데는 한계가 있다. 여기에는 실전적 지식과 인간관계 아우르는 기술이 필요하다. 그렇다면 어떻게 해야 자신의 능력을 키우고 더 나은 트레이너로 성장할 수 있을까? 이러한 상황에서 트레이너들이 발전하고 고객과 교감하며 성장할 수 있는 기회를 제공하는 특별한 플랫폼이 있다. 바로 당근마켓이다.

당근 마켓은 중고거래뿐만 아니라 동네 질문이나 우리 동네 업

☆ 모집 대상
체중감량 / 체력증가 / 근력증가 / 탄력증가 목적
운동 경력 1년 이내
혼자 운동하는 데 어려움이 있는 여성👩

☆ 문의 및 상담 신청
예약 후 방문하시면 움직임 평가를 포함한
운동 상담을 무료로 받아볼 수 있으니
당근 채팅🥕으로 연락주세요!
*100% 예약제
*방문 상담만 가능
*선착순 모집 완료시 마감

☆ 운영시간
평일 및 주말 포함
오전 9:00 ~ 오후 10:00
*모든 상담과 수업은 예약제로 운영됩니다

☆ 위치
숙대입구역 2번 출구 바로 앞🚶
*주차는 불가합니다😂

☆ PT, 필라테스 따로 하지 마세요!
속근육을 강화하는 필라테스,
칼로리를 태우는 PT를 한 번에 받아보실 수 있으며
실력과 인성을 겸비한 선생님이
혼자하면 어렵기만 한 운동을
눈높이에 맞게 쉽고 재미있게 이끌어드려요
🏅바디컨설팅 S클래스 컨설턴트
🏅하버드 의학대학원 근력운동 과정 수료
🏅하버드 의학대학원 감량운동 과정 수료

체 소식을 올릴 수 있어서 다양한 고객을 만날 수 있다. 예를 들어 자격증은 있지만 경험이 없는 트레이너들은 헬스를 배우고 싶은 사람을 찾아 시간당 알바자리를 구할 수 있다. 아니면 무료로 2주 동안 다이어트 식단을 컨설팅하면서 경험을 쌓는 것도 좋다.

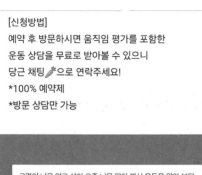

[신청방법]
예약 후 방문하시면 움직임 평가를 포함한
운동 상담을 무료로 받아볼 수 있으니
당근 채팅🥕으로 연락주세요!
*100% 예약제
*방문 상담만 가능

근력이 너무 없고 살이 요즘 너무 많이 쪄서 운동을 알아 보던
중에 집에서 제일 가까운데 제일 평점이 좋길래 가서 상담하고
등록했습니다! 한번에 식습관 개선은 힘들어서 조금씩 바꾸고
있고, 거기에 대한 조언도 잘 해주세요. 제가 어떤 목적으로 운
동하는지 물어봐주셨고 거기에 대해서 진짜 컨설팅 잘해주세
요! 운동을 안해보고 못했는데 무작정 시작하려면 엄두가 안나
시는 분들은 여기 등록하시면 좋을거라 확신합니다 요기 강추!
👍👍

❤️ 친절해요   📈 수업이 체계적이에요

🏃 자세를 꼼꼼히 봐주세요   ✅ 맞춤 케어를 잘해줘요

✨ 시설이 깔끔해요

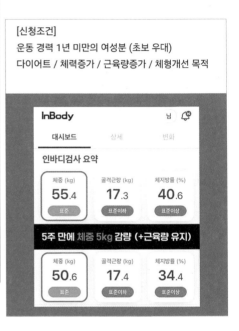

[신청조건]
운동 경력 1년 미만의 여성분 (초보 우대)
다이어트 / 체력증가 / 근육량증가 / 체형개선 목적

물론 광고 비용은 자신이 부담해야 한다. 무료 체험으로 진행하
면 트레이너와 고객 모두 동기가 부족해서 시간 낭비 수업이 될 수
있다. 반대로 고객이 돈을 지불하도록 글을 올린다면 경험이 부족
한 트레이너에게 고객은 비용을 지불하지 않을 것이다. 하지만 짧
은 기간 광고를 통해 많은 사람들을 모아 경험치를 쌓는 것은 해볼
만하다.

이제 고객을 구했다면 높은 텐션과 에너지로 수업에 집중해 보자. 그럼 고객이 어떤 부분에서 만족하고 불편함을 느끼는지, 어떤 프로그램에 만족하는지 집중해 본다. 그리고 고객과 소통하기 위해 대화를 시도하면서 여러 가지 시행착오를 겪을 것이다.

경력이 있는 트레이너는 냉정하게 자기 평가를 하는 시간을 가져 본다. 단순히 수업이라고 생각하지 말고 자신의 실력을 평가받는다고 생각하자. 그리고 수업이 끝난 뒤에는 고객의 피드백을 받을 수 있는 설문지를 작성하게 하여 수업이 어려운지, 강압적인지, 부담스러운지, 무섭다는 느낌이 있는지 등에 대한 평가를 받는다.

트레이너 1년차에는 자기 객관화가 부족해서 어려움을 겪은 적이 있다. 밝고 에너지가 넘쳐서 주변에서 인싸라는 소리를 많이 들었다. 상담이나 수업할 때 모두 에너지가 넘쳤고 고객들이 좋아할 것이라고 생각했다. 하지만 상담 성공률은 점점 낮아지고, 특히 40~50대 여성들에게 더 신뢰를 받지 못했다. '차분하거나 조용한 분한테는 부담스러울 수 있다', '에너지가 과한 거 같다'는 평가를 들었을 때 상당히 충격을 받았다. 그러나 에너지를 낮추는 게 오히려 올리는 것보다 쉽다고 생각하고, 바로 당근마켓을 활용하여 연구수업을 진행했다.

인증 4회 · 단골 · 2개월 전 작성

★★★★★

우선 제일 좋았던 점은 꼼꼼한 상담이었습니다. 상담 내용부터 좋아서 그날 바로 등록했어요. 제 운동목적과 현재 몸상태를 체크해주시고, 마무리할 때 다시한번 체크해주시는 세심함이 좋았습니다. 운동이 진행되는 동안에도 제 운동목적에 부합하게끔 잘 짜주시고, 그날그날의 제 컨디션에 맞춰 진행해주십니다. 게다가 운동하는 내내 즐거워서 힘들어도 운동가는 것 자체에 재미를 붙여주시더라고요. 매 회차마다 발전해가는 제 모습을 보는 것도 운동을 계속하는 이유가 되어주었고요. PT받는 이유를 체감하게 됐어요!!

최근에 갑자기 살도 찌고 아침에 일어나면 몸이 부어서 식단 조절도 하고 운동도 습관화하고 싶다는 생각에 등록하였습니다. 평소에 몸에 힘을 주는 편이라 라운드 숄더랑 거북목이 심한 편인데 이것에 맞춰서 운동도 짜주시고 크리스마스라고 승모근이랑 라운드 숄더 풀기에 딱 좋은 마사지 볼을 귀엽게 오너먼트처럼 포장해서 주셨어요🎄🎁 식단도 꼼꼼히 피드백해주십니다. 특히 저의 상황에 맞춰 팁을 주셔서 건강한 식단을 생활화할 수 있었던 것 같습니다 이제는 아침에 몸이 붓지 않아요! 식단 기록하는 것과 약속이 없으면 늦은 시간에 음식 먹지 않는 게 습관이 된 것 같아 좋습니다.

첫 연구 수업 때는 자신감이 떨어진 상태라 어떤 텐션과 목소리로 해야할지 잘 몰랐다. 그래서 본 수업보다 더 못하기도 하고 말을 못해서 마치 가면을 쓰고 있는 느낌이 들기도 했다. 첫 피드백은 '수업이 지루한 느낌이 든다', '3만 원 정도 낼 의향이 있다'는 피드백이 돌아올 정도로 심각했다. 하지만 고객을 만나면 만날수록 본능적인 감각으로 그 고객에게 맞추게 되었고, 당근마켓에서 유입된 고객들도 결제를 해주었다. 연구수업 이후 상담 성공률

30% 상승했고, 특히 40~50대 여성들에게 더 많은 신뢰를 얻게 되었다. 끝날 때쯤에는 "제가 돈을 지불하면서 받아야 할 수업이었던 것 같은데, 이렇게 성심성의껏 지도해주셔서 감사합니다. 시간이 빠르게 지나간게 아쉬울 따름이에요." "사실 체험이라서 적당히 알려주실 거라고 생각했는데, 예상보다 너무 열정적이셔서 놀랐어요!"라는 피드백을 받았다.

이제는 다양한 연령대와 성별의 고객들을 맞이해도 상담이 어렵지 않다. 오히려 상담이 가장 쉬워졌다. 고객마다 다른 언어로 표현하기도 하고 같은 말을 들어도 다른 표정과 멘트가 나온다. 상담에서 항상 100% 성공하는 것은 아니지만 고객의 니즈를 정확히 파악하고 상황에 맞는 대화와 접근법이 내 머릿속에 그려진다.

예를 들면 "운동하는 게 너무 싫어요."라는 말을 들었을 때 바로 반응하지 않는다. 어떤 사람은 '공감해야 돼.'라고 생각하면서 "운동이 싫을 수 있죠. 저도 운동 안 좋아해요. 운동은 그냥 하는거에요."라고 이야기한다. 맞는 말이지만 나는 고객의 성향을 파악하면서 이 말에 속뜻을 이해하기 위해 고객의 질문을 다시 던진다. "저도 이해합니다. 그럼 1년 전에는 운동을 열심히 하셨다고 하셨는데 최근에 운동이 싫어진 계기가 있을까요?" 그리고 기다렸다가 고객이 주춤하면 "헬스장에서 혼자서 운동하다 보니 지루해져서 싫어졌을 수도 있고, 움직이는 게 귀찮아져서 싫어졌을 수도 있고요." 이런식으로 이야기하면 나의 질문 의도가 정확하게 전달되어 추상적인 답변이 아니라 구체적이고 보다 많은 정보를 얻을 수 있다.

이렇게 상담뿐만 아니라 운동 티칭 능력을 올리기 위해서도 연구 수업을 할 수 있다. 입사한 지 얼마 안 된 남성 바디컨설턴트도 초보자 티칭 능력이 부족해서 20회 이상 당근마켓을 활용하여 수업을 하기도 했다.

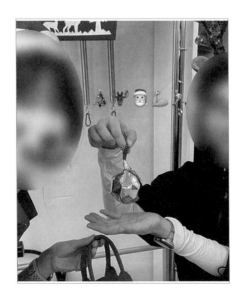

당근마켓을 시작하거나 진행하기 어려운 상황이라면 가족, 친구, 주변 지인에게 도움을 청하는 것도 효과적인 전략일 수 있다. 먼저 비용을 지불하고 그들에게 나의 상담과 수업에 대해 철저하게 평가를 해달라고 하는 것이다. 평가를 받을 때는 다른 사람의 평가를 두려워하지 않고, 오히려 그것을 성장의 기회로 받아들이는 마음 가짐이 중요하다. 비판적인 피드백도 나를 새로운 방향으로 이끌어 주기 때문이다. 트레이너라면 평가를 두려워하기보다 고객들이 나를 찾지 않는 것을 두려워해야 한다. 마지막으로 소중한 시간을 내서 피드백해 준 분들에게 감사를 표하고 변화된 모습을 보여주기 위해 끊임없이 연습하자.

고객을 위한 방문 PT

동료 트레이너가 고객분이 거주하는 아파트에 직접 찾아가서 수업한 사례이다. 최근 아파트 시설 중 헬스장 시설을 많이 갖추고 있지만, 그런데도 제대로 사용할 줄 아는 사람은 드물다. 일단 헬스장 내에는 전문 트레이너가 없고 나의 체형에 맞게 조절하는 것도 쉽지 않기 때문이다.

이와 같은 문제로 고민하는 고객이 동료 트레이너를 찾아왔다. 고객은 트레이너에게 아파트와 센터에 있는 공통 기구들의 원리와 사용법, 그리고 각 기구의 근육 자극 부위를 자세하게 배우고 싶다고 했다. 트레이너는 각 기구에 대해 자세히 설명하고 정확한 운동 동작을 알려드렸다. 그리고 아파트 헬스장 기구와 비슷한 기구를 활용한 운동 영상도 보내드렸다. 트레이너의 이러한 노력에도 불구하고 "선생님께서 가르쳐 주신 운동 동작을 아파트 헬스장에서 해봤는데 혼자서는 잘 안되는 거 같아요"라고 호소했다.

●고객님 헬스장 이용 방법

▼ ████ 헬스장

   ▼ 상체운동

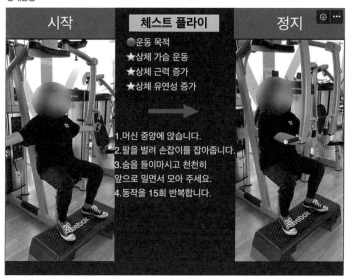

트레이너는 고객이 스스로 운동할 수 있는 방법을 찾을 수 있도록 노력했다. 그리고 결국 "우리 센터 안에서만 운동을 가르쳐 줄 필요가 없잖아. 고객이 원하는 장소에서 운동을 가르쳐주면 되겠네!"라며 해결책을 내놓았다. 고객에게 수업료를 받지 않고 아파트까지 직접 가서 피티해드리고 싶다고 말씀드렸다. 고객은 깜짝 놀라서 "선생님께서 그렇게 해주시면 너무 감사하죠."라고 감사를 표했다. 트레이너는 효율적인 수업을 위해 운동 기구들의 사진을 먼저 받아

서 각 기구의 특성에 관해 공부하고 어떤 식으로 알려드릴지 프로그
램을 구성했다.

 토요일 점심 서울역 스타벅스 앞에서 만나 아파트 헬스장으로 이
동해서 1시간 30분 동안 수업을 진행했다. 직접 현장에 가 보니 기
구가 오래되었거나 여성의 체형에 맞지 않아서 조절하기 어려운 것
들이 많았다. 가슴 운동 시에는 의자가 높아서 다리가 닿지 않았고,
허리 등받이가 너무 뒤에 있어서 받침대가 필요했다. 또 기구 브랜
드와 모델에 따라 무게추가 상이해서 고객에게 맞는 적절한 무게를
다시 설정해야 했다. 다행히 스텝박스가 있어서 발 높이를 조절할
수 있었고 동작도 훨씬 좋아졌다. 그리고 등받이에 허리를 붙이는

대신 공을 넣거나 허리를 붙이지 않고 할 수 있게 동작을 안내했다.

운동 동작까지 촬영해서 노션으로 운동 목적과 방법을 만들어드렸다. "선생님, 이건 또 언제 만드셨어요? 정말 감사합니다! 이거 보고 하면 안 까먹고 잘할 수 있을 거 같아요!" 고객은 자신의 건강을 위해서 적극적으로 도와주는 트레이너에게 감동하였고 수업도 열심히 따라가겠다고 이야기했다. 이 트레이너는 단순히 수업을 진행하는 것이 아니라 고객분이 스스로 운동을 계속할 수 있도록 지원하는 것이 자신의 역할이라고 말했고, 고객들에게 가치를 제공하는 것에 보람을 느낀다고 했다. 현재 이곳은 이전 헬스장과는 아주 다르다고 했다. 이렇게 고객 만족을 위해 진정성 있게 일하는 헬스장은

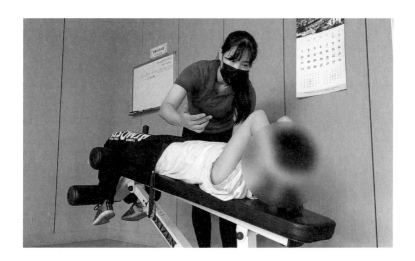

찾기 어려운데, 모두 성실하고 열정이 넘쳐서 자신도 많이 배우고 있다고 좋아했다.

동료 트레이너의 사례를 참고해서 아파트 내 헬스장에서 수업을 진행하였고 고객과 고객의 부모님까지 모두 만족하였다. 이처럼 일의 범위를 한계 짓지 않는 것이 고객 만족을 위한 기본 마인드라는 생각이 든다.

STEP.35

장애인을 위한 동기부여

한 손으로만 운동을 할 수 있을까? 두 손으로 무언가를 잡기 어려운 상황에서 4개월 만에 30kg의 체중을 감량한 고객이 있다. 고객은 일하다가 오른손이 기계에 절단되는 사고를 겪었다. 이로 인해 몸의 균형과 체형, 심지어 신경 문제로 근육 제어까지 많은 어려움을 겪었다. 동료 트레이너는 이런 상황에 처한 지인을 가만히 보고만 있을 수 없어 운동의 중요성을 끈기 있게 설득한 끝에 용기를 내어 운동을 시작하게 되었다.

하체 운동의 경우 손을 사용하지 않고도 스쿼트, 런지를 할 수 있어 문제가 없었지만, 상체운동은 손으로 그립을 잡고 당겨야 해서 할 수가 없었다. 그래서 여러가지 방법을 시도해보다가 스트랩을 팔꿈치에 고정시킨 다음 그 고리를 그립에 연결했다. 이러한 방법으로 등 운동은 원암 시티드 케이블 로우, 원암 케이블 풀다운으로, 가슴 운동은 벤치프레스 대신 원암 케이블 체스트프

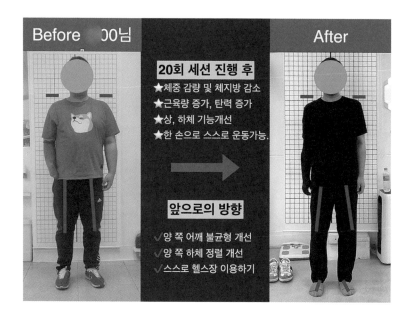

Before ＯＯ님 / After

20회 세션 진행 후
★제중 감량 및 체지방 감소
★근육량 증가, 탄력 증가
★상, 하체 기능개선
★한 손으로 스스로 운동가능.

앞으로의 방향
✓양 쪽 어깨 불균형 개선
✓양 쪽 하체 정렬 개선
✓스스로 헬스장 이용하기

레스로 한 팔씩 번갈아 운동하였다.

　하지만 운동과 별개로 다른 문제가 발생했다. 고객은 물리치료사의 꾸짖음과 나무람 때문에 자신감을 잃어버렸고 운동동작이 제대로 수행되지 않을 때마다 "죄송합니다."와 "못할 거 같아요."라는 말을 반복하다시피 했다. 그럴 때마다 동료 트레이너는 고객에게 용기를 심어주었다. "운동을 처음 배울 때는 누구나 어려워요. 포기만 하지 않으면 됩니다." 그리고 "운동으로 자신감을 다시 찾아봅시다!"라며 항상 응원과 격려의 말을 해주었다.

운동 후기
저에게 운동은 큰도전이었습니다. 운동을 처음 시작한거기도하고 저에게 지체장애라는 핸디캡이 있기도 했고, 시간을 투자한다는것이 쉬운일은 아니었기에 두려웠습니다. 하지만 이왕도전하게된거 성공하고싶어서 최선을 다해 열심히 운동수업을 받았습니다. 힘든 과정도 있었지만 운동가는날이 행복하였고 주눅들었던 자신감을 많이 회복하였습니다. 식단과 운동을 같이한결과 6개월만에 30키로를 감량하게 되었습니다. 첨엔 이런순간이 오지않을거같았는데 바뀐내모습을 보았을때 성취감이 너무나 좋았습니다~ 이후에 나의 일상은 운동으로 가득차있었고 자존감을 높여주신 트레이너 선생님께 감사하게 되는거 같습니다. 운동 배웠던 시간은 나에게 잊지못할꺼같고 좋은경험이 된거같습니다.

게다가 장애를 가진 운동 선수들의 영상을 보여주며 "팔이 없어도 수영을 할 수 있고 눈이 안 보여도 축구할 수 있습니다. 이 선수들처럼 용기를 내어 한 번 해보시죠!"라고 하였다. 이러한 지지와 응원에 고객은 한 손으로 운동을 계속 이어갔고, 4개월 만에 30kg의 체중을 감량하게 되었다.

우리는 종종 자신의 한계를 정해놓고 그 이상 노력하지 않는 경향이 있다. 하지만 동료 트레이너는 단순히 운동을 가르치는 것을 넘어서 고객의 내면을 이해하고 그에 맞는 진정한 동기부여 방법을 찾아냈다. 그 결과 고객은 자신의 몸에 자신감이 생기고 일상 생활에서의 삶의 만족도도 높아졌다. 맞춤형 운동 계획, 지속적인 동기부여, 긍정적인 마음. 이것이 고객만족을 넘어서 긍정적인 변화로 고객을 이끈 성공의 핵심요소이다.

STEP.36

아침 산책을 이용한
생활 패턴 컨설팅

다이어트 목적으로 다니는 고객 중에서 국가 고시를 준비하는 분이 있었다. 그 고객은 아침에 몸이 가장 무겁고 집중력도 떨어진다고 했다.

이 문제를 해결하기 위해 어떻게 도움을 줄 수 있을지 고민하던 중 고객의 집 근처에 공원이 있는 것을 알게 되었다. 아침에 일어나서 공원을 산책하면 공복 유산소 운동도 할 수 있고, 맑은 정신으로 공부할 수 있겠다는 생각이 들었다. 과거에 내가 공부할 때 사용한 방식이기도 했다. 그래서 고객에게 제안했다.

하지만 고객은 일어나는 것도 힘든데 과연 밖에 나갈 수 있을지 걱정부터 했다. 공원이 일하는 곳과 멀지 않고 내가 아침에 일찍 수업이 있기 때문에 수업이 끝나고 공원으로 가서 함께 산책할 것을 제안했다. 의지로만 해결하기 어려운 상황이라면 장치를

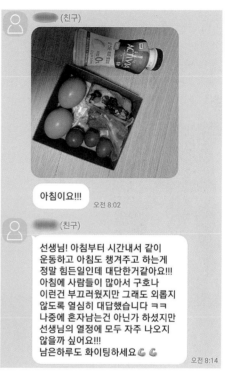

아침이요!!!
오전 8:02

(친구)

선생님! 아침부터 시간내서 같이
운동하고 아침도 챙겨주고 하는게
정말 힘든일인데 대단한거같아요!!!
아침에 사람들이 많아서 구호나
이런건 부끄러웠지만 그래도 외롭지
않도록 열심히 대답했습니다 ㅋㅋ
나중에 혼자남는건 아닌가 하셨지만
선생님의 열정에 모두 자주 나오지
않을까 싶어요!!!
남은하루도 화이팅하세요 👍 👍
오전 8:14

아침이요!!!

행복한 아침운동으로 효창공원 조깅
하기 4분이랑 같이 완료했습니다!
나머지 1분은 다끝나고 오셔서 저랑
둘이 한바퀴 추가로 돌고 곰탕먹고
마무리했습니다! 제 진심이 고객들께
잘 전달되도록 노력했습니다!!!
오전 8:43

걸면 해결할 수 있기 때문이다. 고객은 이전에 자주 '작심삼일'이
라는 말을 언급했다. 그래서 나는 시스템을 구축하고 습관을 만
들어야 한다고 이야기했다. 다행히도 고객은 제 제안에 동의했고
아침 수업 이후 오전 9시쯤 함께 산책을 시작했다. 고객은 나에게
연락해서 "선생님, 여기까지 와주셔서 너무 감사합니다. 아침에

나가니 생각보다 너무 좋았어요."
라고 말했다.

그 이후로도 그 고객은 매주 2회 아침 산책을 했고, 셀카로 인증해주었다. 거절할 수도 있는 상황이었지만, 고객의 변화하고 싶은 의지와 나의 진심이 통해 그 고민이 해결된 것이다.

이후로도 동료 트레이너들은 고객들과 아침에 운동하기 시작했고 이 경험을 통해서 모두 많은 것을 배웠다. 아침 산책을 통해서 편안한 환경에서 대화가 이루어져 서로 친근해졌고 고객들의 운동 의지와 목표 달성에도 도움이 되었다.

STEP.37

마법봉을 활용한 기분 전환

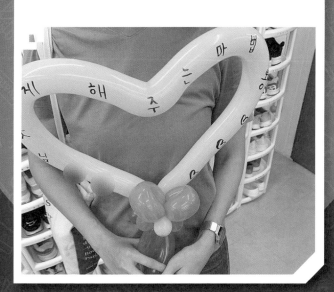

얼 마 전, 30대 여성 고객이 장기간 쉬다가 다시 수업을 재개하게 되었다. 그동안 건강이 나빠져 암 수술을 하고 그 과정에서 연인과 이별까지 겪었다고 했다. 현재 여러 가지 일로 인해 신체적·심리적으로 아주 힘든 상태이고 정신과에서 상담과 약물 치료까지 받고 있었다.

쉬기 전까지는 매주 수업받으며 개인 운동까지 열심히 하던 분이었다. 전 남자 친구와 함께 PT도 받으러 올만큼 사이가 좋았다. 그러나 지금은 무언가 꾹 참으면서 말하는 느낌이 들었다. 아무렇지 않게 맨날 운다고 말하는데 씁쓸한 기분이 들었다.

일단 그 상황에서는 뭐라 이야기하기가 어려워 묵묵히 고객의 이야기만 들었다. 때로는 위로의 말보다는 공감과 이해가 더 큰 위로가 되기도 한다는 생각이 들었기 때문이다. 수업이 끝난 뒤 의자에 앉아 눈을 감고 얼마나 힘들지 생각해 보았다. 비슷한 감정을 느낀 적이 없었는지 떠올렸다. 회고의 시간을 가지다 보면 자연스럽게 상대방을 이해하게 되고 상대방에게 도움이 되는 말이나 행동이 나왔다. 이번에도 이 과정에서 몇 가지 아이디어가 떠올랐다.

고객이 받아보지 못한 이벤트를 하기로 했다. 비싼 물건을 사주고 위로의 멘트를 하는 것은 누구든지 해줄 수 있지만 특별한 이벤트는 기억에 오래 남을 뿐만 아니라 진한 감동을 주기 때문이다. 예전에 요술 풍선으로 어버이날 꽃을 만들어드렸던 게 생각났다. 마침 재료도 남아 있어서 유튜브로 요술 풍선으로 만드는 법을 찾아보았는데, 그중에 하트 봉 만드는 법이 있었다. 하트 봉을 만드는 걸로 끝이 아니라 웃음을 주기 위해 '○○님을 웃게 해주는 마술봉'이라고 적었다. 그리고 운동을 열심히 한 뒤 효과음을 입으로 내면서 드리기로 했다.

수업이 끝나고 마술봉을 휘두르면서 말했다. "따라란~ 고객님을 웃게 해주는 마술봉입니다. 그동안 수술받고 일하시느라 아주 힘드셨죠. 웃게 해드리고 싶어서 만들어봤어요! 매일 아침마다 '따라란'이라고 마법의 주문을 외치면 기분이 좋아질 거예요. 그동안 많이 챙겨주셨으니 이제 제가 보답할게요. 오늘부터 이

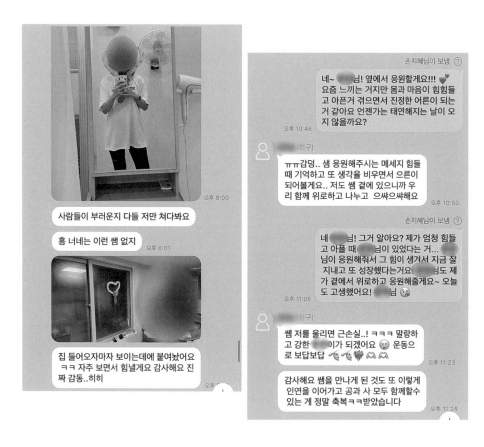

마술봉으로 힘든 일 모두 이겨내 보시죠!"라고 말했다. 고객의 반응은 박장대소였다. "하하하 직접 만드신 거예요? 너무 귀여운데요. 친구들한테 자랑할 거예요. 선생님께 고백하고 싶을 정도로 감동입니다." 행복해하는 모습을 보자 내 마음이 더 따뜻하고 행복해졌다.

이렇게 우리 사이는 더욱 돈독해졌고 서로 속사정까지 아는 사이가 되어 힘들 때는 위로해 주고 좋은 일이 있을 때는 기뻐해 주는 사이가 되었다. 운동에 대한 열정이 생겼고 체력과 근력이 좋아지면서 고객의 자신감도 회복되었다. 활력을 되찾자 또 새로운 인연이 찾아왔고, 연애 이야기를 하며 웃음꽃을 피웠다. 시간이 지날수록 상처는 아물고 강해지는 모습을 보면서 기분이 좋았다.

직장생활을 하다 보면 세상이 각박하다는 것을 느끼게 되고 인간관계에서 보이지 않는 벽이 있는 느낌이 든다. 하지만 트레이너 일을 하다 보면 완전히 정반대다. 고객에게 진정성 있게 대하면 대할수록 가족보다 더 가깝고 친구보다 더 편한 사이가 된다. 그 이유는 가족이나 나 자신도 잘 챙기지 않는 건강을 평소에도 잘 챙겨주기 때문이다. 또 운동할 때는 힘을 낼 수 있게 긍정적인 말과 격려를 통해 성장하도록 도와준다. 그래서 진정성과 신뢰를 바탕으로 더 강력하고 끈끈한 관계가 되는 것이다.

2021년 9월 고객을 만났을 때 말을 툭툭 내뱉는 스타일의 시크한 성격을 가진 분이라는 생각이 들었다. 솔직한 분이라고 생각하고 수업 시간 동안 불필요한 말을 하면 거슬릴 수도 있겠다는 생각에 몇개월 동안 운동에만 집중했다. 그러던 어느 날 수업이 끝나고 쌤~ 답이 너무 늦었어요. 제가 지난주에 좀 힘든 시간을 보내느라고 혼자 동굴에 들어가 있었어요. 이제 훌훌 털고 나와서 먹는 것도 생활하는 것도 건강하게 하려구요. 그래서 처음 메세지 보내는 게 쌤이에요 ㅎㅎ

저도 선생님이랑 함께 한 시간들이 너무 즐겁고 또 운동에 대한 즐거움을 알게돼서 좋았어요. 요가나 마사지만 받으면서 근본적인 해결책은 모르는 채로 살 뻔 했는데.. 쌤덕분에 몸도 마음도 많이 건강해지는 법을 배웠어요. 주말에도 힘든 시간 보내다가도 아파트에 딸린 헬스장가서 울 쌤이 알려주신 코어운동부터 이것저것 차근차근 하고나서 40분 트레드밀 타고 왔답니다 ㅎㅎ

우리 마지막 수업때도 담백하게 인사해서 저도 다행이였어요. 계획보다 갑작스럽게 가는 만큼 제가 쌤을 한없이 물고 늘어질 것 같아서 저도 씩씩하고 쿨하게 ㅋㅋ 가야지 맘 먹고 있었거든요.

▓▓님~! 자꾸 들어가기 있습니꽈 동굴은 어둡고 무서워요 그러니까 너무 자주 혼자 들어가지마세요 그리고 들어갈 때는 주변사람들한테 꼭 알려주세요! 그래야 오랫동안 안나오면 도와줄 수 있잖아요~

내 주변이 어지럽고 답답해서 사라지고 싶을 때 꽉 막힌 동굴에 들어가기 보단 더 밝은 곳에서 해결책을 찾아주세요 어두운 곳에서는 깜깜해서 아무것도 안보이거든요 그리고 안보이니까 건강한 생활도 어렵고요

거리가 멀어졌다고 해도 ▓▓님의 몸과 마음의 건강을 위해서 진심으로 응원할게요 혼자라고 생각하지마시고 자주 생각하고 있으니까 운동하고 책이나 좋은 글 보면서 긍정적인 생각도 많이 해주세요! 저도 ▓▓님과 소중한 인연 오래오래 유지하고 싶어요 그래서 ▓▓님께 연락을 받는 순간 마음이 정말 안좋았습니다 자꾸 힘들어하면 저도 힘들어할거에요 😅

저도 ▓▓님 같이 사람 좋고 잘 배려해주시고 능력있으시고 열심히 하시는 분 처음이에요! 정말 멋진 분인 만큼 더 주변에 좋은 사람이 가득할거에요

▓▓님 많이 아낍니다 몸, 마음 다 아프지 마세요 💙

마음속에 있는 이야기들을 꺼내셨다. "건성으로 고객을 대하는 트레이너가 많아서 PT는 별로라고 생각했는데 아닌 거 같아요. 선생님처럼 열심히 하는 사람을 보니까 제 오해였네요. 저를 진심으로 걱정해 주시는 분은 처음이에요. 운동도 잘하시고 정말 멋있습니다."

다시 한번 강조하면 나는 사교적이지도 않았고 심지어 이기적

이어서 관계가 끊어지거나 곤란했던 적도 많다. 그러나 계속 부딪히고 나를 돌아보고 반성하면서 변화해 나갔다. 끊임없는 노력 끝에 배려하는 태도가 몸에 배기 시작했고, 흔히 말하는 말 예쁘게 하는 사람이 되었다. 그 이후로 오랜만에 본 지인들은 성격이 좋아진 거 같다고 했고, 가족들마저 훨씬 성숙해진 거 같다는 의견을 주었다.

다시 말해 운동을 잘 가르치고 몸이 좋은 트레이너는 널렸다. 트레이너의 기본 요건은 당연히 갖추어야 하지만 그 정도에 만족하는 트레이너는 고객을 1년 이상 이끌어가는 것이 쉽지 않다. 사람들은 운동에 흥미를 느끼기 쉽지 않고 의지가 약하기 때문이다. 그러니 고객에게 인정받고 일을 행복하게 하고 싶다면 진정성으로 나를 무장해 보자.

에필로그

20 후반에 새로운 직업을 시작하게 된 것은 나에게 큰 도전이었다. 사람들은 나를 볼 때 이 직업에 잘하고 능숙해 보일 수 있지만, 그 뒤에는 수없이 많은 실패와 그만두고 싶은 생각의 힘겨운 순간들이 있었다.

이 일을 시작하면서 처음 몇 주 동안은 자신감이 넘쳤다. 그러나 그 자신감이 서서히 무너지기 시작한 것은 두 번의 환불 사건이 있었을 때였다. 그 때 나를 상담에 투입하지 말라는 지시가 내려오면서, 큰 충격을 받았다. 그 당시에는 매우 감정적이었기 때문에 그 충격으로 하루 종일 기가 죽은 상태로 있었다. 그리고 심지어는 나보다 어렸던 여자 동료가 나 대신 상담에 들어가는 것을 보면서 열등감까지 느꼈다. 사회에서는 실력이 없으면 기회조차 주지 않는다는 현실을 깨닫게 되었고, 그 뒤로 그 상황에서 어떻게 살아남을 수 있을지에 대한 방법을 끊임없이 고민하게 되었다.

3개월 정도 시간이 지났을 무렵 겨울이 다가오기 시작했고, 이번에는 체중 관리에 소홀해지기 시작했다. 수업이 끝난 후 야식과 간식을 먹었다. 체중이 3kg 증가했을 때는 크게 티가 나지 않았지만, 5kg 넘어서면서부터는 허벅지가 물컹해지고 팔이 두꺼워지기 시작했다. 고객들의 눈에 띄는 것을 두려워하면서도 계속 먹으면서 자꾸만 겉옷으로 그 사실을 가리려고 했다. 결국 체중이 8kg까지 증가해서 그때까지 입었던 유니폼조차도 제대로 입지 못하게 되었다.

　이런 상황에서 고객들에게 외적으로 신뢰를 주지 못하기 때문에 나의 실력을 보여주겠다는 생각으로 내가 맡은 수업에 모든 에너지를 쏟아부었다. 그러다보니 집에 가면 너무 힘들어서 아무것도 하지 못하고 바로 쓰러져 버리는 일이 종종 있었다. 결국 나는 항상 '과연 내가 이 일을 오래 할 수 있을까?'라는 우울감에 빠져 그 문제에 대한 해답을 찾지 못한 채로 5개월 동안 슬럼프에 빠져 있었다.

　슬럼프가 끝나면 좋았겠지만 그렇지 않았다. 에너지를 쏟은 기간 동안 운동도 소홀히 해서 몸 상태가 점점 안 좋아지기 시작했다. 실제로 나는 운동하기 전에 5분 동안 해야 하는 마사지 프로그램을 무시하고, 고객이 원하면 운동 시간을 줄이고 마사지에 시간을 더 투자하기까지 했다. 이런 행동은 제멋대로였다. 그렇게 하루에 10개의 수업을 진행하다 보니, 손목관절부터 팔꿈치, 어깨까지 통증이 생기기 시작했다. 휴대폰을 들거나 키보드로 타자를 치기만 해도 팔에 통증이 느껴졌다. 결국 도수치료, 한의원, 재활 운동까지 병행하며 회복하는 데 힘썼고, 수업이 끝나면 바로 병원으로 달려가야 했다. 그 사이에 발목 인대를 다치면서 한 달 동안 깁스 상태로 수업을 진행했다.

동료들은 나를 많이 걱정해 주었다. 그들에게 나도 실은 너무 힘들어서 포기하고 싶은 적도 있었다고 고백했다. 그러나 나는 그들에게 더 중요한 것이 있다고 덧붙여 말했다.

"제가 겪는 힘든 일보다 고객들의 고통이 더 중요하다고 생각해요. 고객들이 얼마나 힘들어서 여기까지 찾아왔을까요? 그들을 위해 좋은 수업을 제공하고 밝은 에너지로 그들의 건강을 회복시키고 싶어요. 그리고 저만큼 고객들을 생각하는 사람이 없을 것 같아요. 만약 저가 포기하게 되면, 그들은 어디서 운동을 받을까요? 저를 믿고 결제해 준 고객들에게 책임감 있는 모습을 보여주고 싶어요."

이런 마음으로 수업에 최선을 다하고 항상 좋은 컨디션을 유지하려고 노력했다. 그 노력이 고객들에게 통했는지, 나를 응원해 주는 사람들이 점점 늘어나기 시작했다.

"선생님, 가장 중요한 건 선생님의 건강과 마음이에요. 자주 잘 보살펴 주세요."

"선생님의 건강이 제일이에요. 선생님은 항상 고객들의 건강을 위해 애쓰셨으니, 푹 쉬시고 충전하세요."

"저희 어머니가 선생님 덕분에 운동하면서 정말 많이 밝아지시고 건강해졌습니다."

"이번 연도에 제가 가장 잘한 일은 선생님과 함께 운동을 시작한 것이에요."

고객들은 이렇게 응원의 메시지를 보내주고 각종 선물을 준비해 주었다. 이전에는 항상 고객들의 건강을 걱정하면서 그들에게 베풀었는데 이제는 고객들이 마치 나의 가족처럼 되어 나를 챙기고 있다. 그때 그들로부터 받은 위로와 따뜻함을 지금도 잊지 못한다. 왜냐하면 그들의 관심과 사랑이 내 일에 대한 원동력이자 나 자신을 가치 있게 만들어 주었기 때문이다.

최근에 나의 동료인 남자 트레이너가 나에게 "진정성이란 무엇입니까?"라는 질문을 했다.

"진정성은 상대방이 원하는 것을 주는 것이라고 생각해요. 고객들이 원하는 다이어트, 근력 향상, 체형 교정을 위해 열심히 수업을 진행하고 그들이 만족하는 표정과 반응을 볼 때, 그것이 나에게는 큰 행복이에요. 그리고 그 행복이 나에게는 큰 보람을 줘요. 그래서 몸이 바뀌지 않았을 때가 가장 마음이 아파요. 그럴 때마다 제 역할을 제대로 다하지 못했다고 느껴져요."

그리고 그는 또 다른 질문을 했다. "그러면 운동만 잘 시켜주면 되는 거 아닌가요? 왜 이렇게 고객들에게 이벤트를 하고, 그들에게 무언가를 주기 위해 애쓰는 건가요?"

"나는 고객들에게 가치를 주고 싶어요. 친절한 말투와 밝은 표정으로 말하면 고객들의 기분은 좋아지고 특별한 경험을 만들어 주면 평생 잊을 수 없는 선물이 될 수 있어요."

마지막으로, 나는 동료들을 위한 진정성에 대해 이야기하고 싶다. '내 일도 바쁜데 왜 동료들에게도 진정성 있게 대해야 하지?'라는 생각을 가지고 있는 트레이너들이 많을 것이다. 나도 바디컨설턴트가 되기 전까지는 그렇게 생각했다. 돈이나 이익과 직접적으로 관련 있는 사람들에게만 잘하려고 했고, 그 외의 사람들에겐

별로 관심을 갖지 않았다. 그래서 그들과의 관계가 표면적이고 얕았다. 나의 성격이 약간 이상하다는 것을 인지하고 있었지만 무엇을 어떻게 해야 할지에 대한 명확한 답은 없었다. 항상 '나는 왜 이런 걸까?', '내 성격이 이상한 건 알겠는데 뭘 어떻게 해야 하는 거지?'라는 생각이 머릿속을 맴돌았고, 그에 대한 답을 찾지 못한 채로 성격이 좋은 친구들을 따라하거나 현재의 감정에 이끌려서 행동하곤 했다.

그런 방식으로 감정에 크게 좌우되며 살다가 바디컨설팅 철학교육을 통해 스스로 고찰하며 재조명하게 되었다. 이전에 공무원 마인드에 맞춰져 있어서 불평 불만이 많았다. 회사에서 어떤 일을 시키면 '저 사람이 안 하는 걸 왜 나 혼자 해야 하는 거지?'라는 생각으로 불만을 표출하곤 했고 동료들이 어떤 이야기를 할 때면 '자기 자랑을 왜 이렇게 많이 하지?', '자기도 안 하면서 왜 우리한테만 하라고 하는 거지?'라는 생각을 했다.

하지만 시간이 지나며 회사 동료들과의 대화를 통해 사람들과의 관계를 더 잘 유지하는 방법에 대해 조금씩 이해하게 되었다. 그리고 그런 과정에서 자신을 객관적으로 바라보는 능력도 키워나갔다. 처음에는 '내가 대화할 때 이렇게 경솔하고 배려심이 부족했었나?'라는 생각이 들어 매우 절망감에 휩싸였다. 그럼에도 불구하고, 나는 성숙한 성인이 되고 싶었고 좋은 아내와 엄마가 되기 위해서 반성하고 행동을 바꾸는 것을 반복하였다.

시간이 흘러 동료들과의 관계가 점차 좋아졌다. 이제는 서로 배려하고 도와주며 게으르거나 의지가 떨어질 때 서로를 자극제 같은 역할이 되었다. 가끔 동료들의 대화를 듣게 될 때가 있다. 그들이 자신의 실수를 인정하며 미안함을 표현하거나, 서로를 칭찬하는 이야기를 한다. 그럴 때마다 나는 미소를 지으며 '이것이야 말로 정말로 동료간의 이상적인 관계구나. 이런 훌륭한 관계를 가진 곳이 어디에 또 있을까?'라는 생각을 한다. 문득 유재석의 유튜브 채널에서 차승원의 한 말이 떠올랐다.

"이 일은 내가 충분히 할 수 있어. 하지만 그건 잘하는 것이 아니야. '쉽게' 하는 것이지. 쉽게 하는 일은 성공할 확률이 낮아. 예를 들면, 괜찮은 사람이 사람이 어려운 일을 같이 하자고 제안해. 그럴 때 예전에는 거부감이 있었어. 하지만 괜찮은 사람이 어려운 일을 함께 하자는 것은 도전할 가치가 있어. 어려운 일은 거부감이 많이 들지만, 그럼에도 불구하고 과감하게 도전해야 해. 나보다 더 나은 사람들과 함께 일하는 기회를 많이 가져야 해. 나보다 능력이 뛰어난 사람들과 일하면 나의 의사결정이 줄어들 수 있어. 그것은 자존심이 상할 수도 있지만, 그럼에도 불구하고 해야 해! 미래의 결과를 보면 이것은 가치 있는 일이야. 편한 것은 함정일 수 있다는 것을 알아야 해. 편안함에 길들여지면 발전이 없어. 옛 말에 '근묵자흑'이라고 하잖아. 검은 쪽으로 가면 검게 변한다는 것이지. 아무리 내가 흰색이라고 해도. 그래서 나는 빨리 밝은 곳으로 가려고 노력해야 해. 새로운 것을 계속 시도하고, 나보다 넓고 깊게 볼 수 있는 사람들을 만나서 그들과 함께 일할 수 있는 기회를 얻어야 해. 그렇게 해야만 나아갈 수 있어. 하지만 그게 쉽지 않아."